オイルなし、グルテンなしの生地。
おやつにもごはんにも食べたい

米粉のマフィン

田中可奈子

はじめに

家族が病気になったことをきっかけに、脂質を控えた食事やおやつを研究しています。以前出版した、油分を使わず、小麦粉のかわりに米粉を使っておいしく仕上げるシフォンケーキのレシピ本『オイルなし、グルテンなしでからだにやさしい 米粉のシフォンケーキ』には、たくさんの反響をいただきました。

「米粉のおやつのレパートリーをもっと増やしたい」「さらに手軽に作れるおやつが知りたい」という意見を多くいただいて、オイルなしで作れる米粉のお菓子の研究を重ねてできたのが、「オイルなし×米粉の生地で作るマフィン」です。

この本では、バターやオイルを使わなくても、おなじみの食材を加えることで生地がしっとりとし、米粉特有のもっちり感もある、おいしいマフィンのレシピを紹介します。

素朴な甘さの「スイーツマフィン」。甘さを控えてたんぱく質などの具材を加えれば、「おかずマフィン」に。おやつにはもちろん、ごはんやパンのかわりに、日々の食事にとり入れられます。「米粉のパン作りが意外と面倒で、挫折した」という人にもぜひおすすめしたいです。

そして、この本のレシピのいいところは、「思い立ったらすぐ作れる」ということ。身近な食材を使ってボウルひとつで作れて、焼き上がりまで30分の手軽さです。

たとえ忙しくても、作りたいと思ったときに作れる。いつでも、おいしくてからだにやさしい、手作りのものが食べられる。そんな幸せを皆さんと共有できたらとてもうれしいです。

田中可奈子

「オイルなし×米粉の生地で作るマフィン」はここがいい！

❶ ワンボウルでまぜて焼いて、30分で完成！

ボウルひとつに材料を順に入れてまぜ、焼くだけ。材料を出してから焼き上がりまで、30分で作れる手軽さ。初心者にもおすすめです。

❷ オイルなし×米粉でしっとり&ふんわり食感

バターやオイルは使わずに、豆腐などのほかの食材の力で、しっとり、ふんわり。米粉のもっちり感も加わり、食感を楽しめます。

❸ オイルなしで脂質少なめ

一般的なマフィンの脂質が10g前後なのに対して、この本のマフィンは驚くほど低脂質。特に基本のマフィン(Part1・p.10参照)はどれも1g台です。

❹ オイルなしでカロリー控えめ

「1g＝9kcal」の油を使わないので、低カロリー。罪悪感なしで食べられ、ダイエット中や健康が気になる人にも安心感があります。

❺ グルテンフリーでおなかにやさしい

グルテンを含まない米粉なら、消化にいい！ 小麦粉アレルギーの方はもちろん、からだにやさしいものを食べたい人にもおすすめです。

❻ 朝食やランチにもとり入れられる

この本では、甘いマフィンに加えて、甘さ控えめの「おかずマフィン」もご紹介。ごはんやパンのかわりに、毎日の食事にもどうぞ！

❼ 油でベトつかず、あと片づけもラク！

油分でベタベタになった道具は、洗うのが面倒。オイルなしだから、焼いている間に道具もさっと洗い終えることができます。

Contents

- 2　はじめに
- 3　「オイルなし×米粉の生地で作るマフィン」は ここがいい！
- 6　材料のこと
- 8　道具のこと

Part 1
オイルなし×米粉の生地で作る
3種の基本マフィン

- 10　豆腐ベースのマフィン
- 11　バナナベースのマフィン
- 　　ヨーグルト豆乳ベースのマフィン

Part 2
オイルなし×米粉の生地で作る
スイーツマフィン

- 18　バナナ&バナナマフィン
- 　　アプリコットマフィン
- 19　ブルーベリーマフィン
- 22　アップルシナモンマフィン
- 24　ココナッツパインマフィン
- 26　ラムレーズンマフィン
- 　　レモンマフィン
- 28　グレープフルーツと紅茶のマフィン
- 30　チョコチップのココアマフィン
- 　　レーズンのココアマフィン
- 32　クッキーチョコマフィン
- 　　コーヒーホワイトチョコマフィン
- 34　グラノーラとプルーンのマフィン
- 　　キャラメルナッツマフィン
- 36　キャロットマフィン
- 38　かぼちゃマフィン
- 　　焼きいもマフィン
- 40　ほうじ茶と甘納豆のマフィン
- 　　抹茶とホワイトチョコのマフィン
- 42　たっぷりあんこのマフィン
- 44　マーラーカオ風マフィン
- 　　きなこと甘栗のマフィン
- 46　ゆずマフィン
- 　　はちみつしょうがの薬膳マフィン

Part 3

オイルなし × 米粉の生地で作る
おかずマフィン

50 うずらの卵とコーンのカレーマフィン

51 パプリカとサラダチキンのマフィン

　　ソーセージとパセリのマフィン

54 えびとアボカドのマフィン

　　サーモンとチーズのマフィン

56 ツナサラダマフィン

58 明太子とチーズのマフィン

　　ミートボールマフィン

60 ほうれんそうと卵のマフィン

62 トマトとチーズのオレガノマフィン

　　ソーセージとブロッコリーのバジルマフィン

64 ジャーマンポテトマフィン

66 枝豆とチーズのマフィン

　　豆とオリーブのハーブマフィン

68 焼き豚とねぎのマフィン

　　えびシュウマイのマフィン

70 お好み焼き風マフィン

72 ひじき煮のマフィン

74 れんこんと青のりのマフィン

　　きんぴらマフィン

Column 1

16 マフィンの保存とリベイクについて

Column 2

48 ヘルシーなトッピングで

　　簡単デコマフィン

　　ココアクランブル／アイシング

　　チーズフロスティング／豆乳クリーム

Column 3

76 栄養がしっかりとれる

　　"マフィンでごはん"の組み立て方

Column 4

78 上手に作るためのQ＆A

[この本の決まりごと]
- 小さじ1＝5㎖、大さじ1＝15㎖です。
- オーブンの焼き時間と温度は家庭用の電気オーブンを基本にしています。オーブンの機種や性能によって、焼きかげんに多少の差がありますので、様子を見ながら調節してください。
- 電子レンジの加熱時間は600Ｗの場合の目安です。500Ｗの場合は、1.2倍の時間、加熱してください。
- 各レシピのカロリー、たんぱく質、脂質はマフィン1個あたりの数値です。
- この本のカロリー、たんぱく質、脂質等は、「日本食品標準成分表」2020年版（八訂）をもとに算出しています。

材料のこと
基本の5つとベース食材

米粉

小麦粉よりももっちりとした食感に。粉をふるわずにラクに使え、グルテンフリーなので、ぐるぐるとよくまぜてもかたくなりません。製菓用の米粉はきめがこまかく、なかでも「ミズホチカラ*」はふんわりとふくらみやすいので、おすすめです。
＊米粉用に開発された米の品種

きび砂糖

精製度が低いため、ミネラルが多く、さとうきびの自然な風味が特徴です。からだにやさしい、この本のマフィンにぴったりの砂糖です。

卵

生地をふんわりと仕上げます。この本では、Lサイズ（正味約60g、殻つきで64～70g未満）を使用。

ベーキングパウダー

生地がふくらむのを助ける、膨張剤のひとつ。ミョウバン（アルミ）不使用のものを選ぶと安心。開封したら早めに使いきりましょう。

塩

甘くない、おかず系マフィン（Part3参照）では、きび砂糖とともに加えます。スイーツ系の甘みの引き立て役に使うことも。私は天日塩を使っています。

バターやオイルのかわりになる食材

3つの食材をベースに使えば、
バターやオイルを使わなくてもしっとり、
ふんわりした、おいしいマフィンが作れます。

豆腐

クセのない風味で、生地に使うとしっとりします。充填豆腐(豆乳と凝固剤を容器に入れて密封し、加熱して作る豆腐)を使うと、絹ごし豆腐よりもなめらかにつぶせて食感がよくなります。

バナナ

シュガースポット(茶の斑点)入りの完熟バナナは、つぶしてまぜるとふわふわ、とろとろに。生地に使うとしっとり、ふんわりして、バナナの甘みと香りがしっかりと感じられます。

ヨーグルト＋豆乳

半量になるまで水きりしたヨーグルトを豆乳でのばした「ヨーグルト豆乳」を生地に使うと、しっとりとした食感、かつさわやかな風味のマフィンに仕上がります。

コクやうまみを足したい場合は？

米粉の一部をアーモンドプードルにかえてみましょう

「オイルなし×米粉の生地のマフィン」は材料がシンプル。基本のマフィンや野菜などあっさりとした風味の具材を使うマフィンなど、もう少し風味を足したい場合には、分量の米粉のうち20gをアーモンドプードル20gにおきかえて作るのもおすすめ。バターやオイルのような、コクや香ばしさが加わります。

道具のこと

マフィン型&紙カップと基本のツール

マフィン型

この本では、直径7cmのマフィンを6個、同時に焼ける型を使います。とり出しやすい、コーティング加工のものがおすすめ。家にあるオーブンの庫内に入るサイズか、確認しましょう。

プリンカップ

6個どりのマフィン型がオーブンにおさまらない場合や少数を焼きたい場合に、1個ずつマフィンが入れられ、便利。熱伝導のいいアルミ製で、底の直径が7cmのものを選びます。

紙カップ

グラシン紙を用いたカップ。マフィン型に敷いて使うので、型に合うサイズを選びます。「オイルなし×米粉の生地のマフィン」は、オイルありのマフィンに比べて紙にくっつきやすいので、この本ではシリコーン加工されたものを使用。焼けた生地がするりと離れます。

スケール・計量カップ・計量スプーン

分量を量るために必要。スケールは、1g単位で量れるデジタル式のものを用意して、風袋引き機能を使います。

ゴムべら

生地をボウルに残すことなく、型に流し入れるときに使用。薄手で、シリコーン製などよくしなるものを。場合によっては、小さめのスプーン型もあると便利。

ボウル

ボウルはひとつあれば作れます。この本では、直径21cmのものを使用。

泡立て器

生地をまぜ合わせるときに必要な道具です。

ヨーグルト豆乳ベースに！

「水きりヨーグルト」(p.15)**を作る道具**

「ヨーグルト豆乳」をベースにしたマフィンでは、ヨーグルトを水きりします。ボウル(直径15cmぐらいでじゅうぶん)、その上に重ねられるざる、ざるに敷くキッチンペーパーが必要です。

Part 1

オイルなし×米粉の生地で作る
3種の基本マフィン

バターやオイルのかわりになる3種のベースを使って、
米粉マフィンの作り方をマスターしましょう。
どれもバリエーションの基本になるレシピです。

豆腐ベースのマフィン

3種の中でいちばんクセのない、
素朴な味わいのマフィン。
豆腐は水きりする必要はなく、
思い立ったらすぐ作れます。
▷作り方は p.12

127.0kcal
たんぱく質 3.6g
脂質 1.9g

134.1kcal
たんぱく質 2.6g
脂質 1.2g

バナナベースのマフィン

完熟したバナナの甘みと香りが
しっかりと感じられるマフィン。
その分、砂糖の量は
少し控えめにして作ります。
▷作り方は p.14

114.0kcal
たんぱく質 3.2g
脂質 1.8g

ヨーグルト豆乳ベースのマフィン

水きりヨーグルトと豆乳で作る、
さわやかな風味と軽やかな食感が持ち味。
このベースは5個分のレシピを紹介。
▷作り方は p.15

Basic Muffin 1

豆腐ベースのマフィン

材料[直径7cmのマフィン型6個分]
充填豆腐(または絹ごし豆腐)･･･150g
きび砂糖･･･40g
卵･･･1個
米粉･･･120g
ベーキングパウダー･･･小さじ1
バニラオイル(またはバニラエッセンス)･･･少々

下準備
・型に紙カップを敷く。
・オーブンは180度に予熱する。

豆腐はパックの水を捨て、そのまま使用。1パック150gの充填豆腐は、計量の手間が省け、なめらかにつぶしやすい。絹ごし豆腐を用いてもよい。基本の「豆腐ベースのマフィン」は材料がシンプルなので、焼いても香りが飛びにくいバニラオイルで、豆腐の豆のにおいを消し、風味をプラス。バニラエッセンスでも代用可。

a 生地を作る

豆腐をペースト状にする

❶ ボウルに豆腐を入れて泡立て器でよくつぶしてまぜ、ペースト状にする。

砂糖を加える

❷₁ ボウルごとスケールの上にのせ、砂糖の分量を量りながら加える。

❷₂ 全体が均一になるまでよくまぜる。

卵を加える

3 ボウルに卵を割り入れ、全体が均一になるまでさらによくまぜる。

米粉を加える

4-1 ボウルごとスケールの上にのせ、米粉の分量を量りながら一度に加える。

4-2 米粉が飛ばないように、はじめは泡立て器の先で粉をなじませる。

4-3 粉がなじんできたら、泡立て器を握り、とろりとなめらかになるまで、ぐるぐるとよくまぜる。

4-4 粉っぽさがなくなったら、まぜ終わり。バニラオイルを加えてよくまぜる。

ベーキングパウダーを加える

5 ベーキングパウダーを加えたら、泡立て器で手早く、全体を均一にまぜる。

B 焼く

型に流し入れて焼く

6 紙カップを敷いた型に、ゴムべらで生地を等分に流し入れ、180度のオーブンで20分ほど焼く。

型からとり出す

7-1 焼き上がったら、竹ぐしなどを使い、型からマフィンを紙カップごととり出す。

7-2 ケーキクーラーなどの脚つきの網に移し、あら熱がとれるまで冷ます。

Arrange
- クセのないシンプルな味わいで、どんなマフィンにも。おかず系にもよく合う。
- ココアやコーヒーなど、食材の風味を引き立てたいマフィンにおすすめ。

Basic Muffin 2

バナナベースのマフィン

材料 [直径7cmのマフィン型6個分]
バナナ ••• 150g（正味）
きび砂糖 ••• 30g
卵 ••• 1個
米粉 ••• 120g
ベーキングパウダー ••• 小さじ1

下準備
・型に紙カップを敷く。
・オーブンは180度に予熱する。

バナナは、シュガースポットが入った完熟のものを使うと甘みや香りがよく、ペースト状にするとふわふわ、とろとろに。バナナが甘い分、きび砂糖は「豆腐ベースのマフィン」よりやや少ない、30gを使用。

𝒶 生地を作る

❶ ボウルにバナナを入れて泡立て器でよくつぶしてまぜ[a]、とろとろのペースト状にする[b]。

❷ 砂糖を加えてよくまぜ、卵を割り入れてさらによくまぜる。

❸ 米粉を加え、粉がなじんできたらぐるぐるとよくまぜる。

❹ ベーキングパウダーを加え、手早く、全体を均一にまぜる[c]。

ℬ 焼く

❺ 型に❹を等分に流し入れ[d]、180度のオーブンで20分ほど焼く。型からとり出して網にのせ、あら熱をとる。

Arrange
・濃厚な甘みを生かして、洋風スイーツ系に。
・甘じょっぱくすれば、おかず系にも。

Basic Muffin 3

ヨーグルト豆乳ベースのマフィン

材料 [直径7cmのマフィン型5個分]
水きりヨーグルト（下記参照）・・・50g
豆乳（成分無調整）・・・50ml
きび砂糖・・・40g
卵・・・1個
米粉・・・110g
ベーキングパウダー・・・小さじ1

下準備
・型に紙カップを敷く。
・オーブンを180度に予熱する。

a

b

c

半量になるまで水きりしたヨーグルトは、クリームチーズのような食感に。豆乳は、砂糖や食塩などが加わっていない、成分無調整の豆乳を使用。

ａ 生地を作る

❶ ボウルに水きりヨーグルト、豆乳を入れて泡立て器でよくまぜる[a]。

❷ 砂糖を加えてよくまぜ、卵を割り入れてさらによくまぜる。

❸ 米粉を加え、粉がなじんできたらぐるぐるとよくまぜる。

❹ ベーキングパウダーを加え、手早く、全体を均一にまぜる[b]。

B 焼く

❺ 5個分の型に❹を等分に流し入れ[c]、180度のオーブンで20分ほど焼く。型からとり出して網にのせ、あら熱をとる。

Arrange

- さわやかな風味がフルーツ系にぴったり。
- ほどよい酸味と軽さが、おかず系とも合う。

水きりヨーグルトの作り方

小さめのボウルにキッチンペーパーを敷いた小さめのざるをのせ、プレーンヨーグルト（無糖）100gを入れ、ラップをかけて冷蔵室で重さが半分になるまで水きりする。

Column 1

マフィンの保存とリベイクについて

「オイルなし×米粉の生地で作るマフィン」の食べごろは、焼いた当日中ですが、冷凍保存すればおいしさをキープでき、食べたいときに食べられます。保存法とその後のおいしい食べ方をまとめました。

おいしい保存と食べ方の流れ

❶ 冷凍保存 ➡ **❷ 解凍** ➡ **❸ リベイク or あたため直し**

❶ 冷凍保存でおいしさを長もち!

オイルなし×米粉で作るマフィンは、焼いたその翌々日以降に食べる場合は冷凍で保存しましょう。あら熱をとり、完全に冷ましてから1個ずつラップで包み[a]、ジッパーつきの冷凍保存袋に数個入れて[b]、冷凍室に入れましょう。

a

b

焼いた当日〜翌日は常温保存

焼いた当日〜翌日は、完全に冷めてから、乾燥しないように1個ずつラップで包んで、冷暗所で常温保存できます。ただし、果物やおかず系の煮物など水分の多い食材を具材に使った場合や、夏など室温が高い場合は、常温におくのは焼いた当日中のみにとどめて。冷蔵保存はマフィンがかたくなるのでNGです。

❷ 冷凍マフィンを解凍するには？

基本は、冷凍マフィンを冷蔵室に移し（または室温において）、自然解凍するのをおすすめします。

時間がないときは

電子レンジの解凍モードを使用して、解凍しても。ラップで包んだまま、加熱しすぎないように、10〜20秒ごとに様子を見ながら少しずつ加熱するとよいでしょう。
＊紙カップは電子レンジ加熱が可能か確認し、不可の場合ははずすこと。
＊中に具材を入れたマフィンは、加熱時間をやや長めに。
＊アイシングやフロスティングを施したマフィンは、とけてしまうので電子レンジ解凍には不向き。

❸ "リベイク"or"あたため直し"で作りたてのおいしさ、復活！

解凍したマフィンも常温保存のマフィンも、オーブントースターによるリベイクか、電子レンジによるあたため直しのどちらかの手間をかけることで、食べごろのおいしさが味わえます。好みの食感に合わせて、試してみてください。

◎表面がさっくりした食感がお好みなら…
→オーブントースターでリベイク！
紙カップをはずし、オーブントースターで2〜3分、様子を見ながら加熱する。

◎ふわもち食感がお好みなら…
→電子レンジであたため直し！
ラップで包み、電子レンジで15秒ほど加熱する。

米粉は冷めるとかたくなる性質が！

米粉が水分を吸って熱が加わると、米粉内のでんぷん質がふっくらしますが（α化）、冷めると、米粉内のでんぷん質がかたくなってしまう性質があります（β化）。だから、米粉のマフィンはリベイクやあたため直しをするとおいしさが復活するのです。

ランチに持っていくときには

おかず系もスイーツ系も、外で食べやすいのでお弁当にもおすすめ。ランチ用には、①当日朝または前日に焼いたもの、②冷凍状態から朝までに解凍し、リベイクまたはあたため直ししたものを。完全に冷ましてから、カットはせずに丸のままラップで包んで持ち歩き、必ず昼のうちには食べきりましょう。

こんな日は保冷剤＋保冷バッグに入れて持ち歩こう

・気温が20度を超える日
・気温の変化が激しい日

気温が上がるとともに高まる、細菌増殖のリスクを減らせます。気温の変化が激しいとマフィンが汗をかきやすく、傷みの原因になるので、保冷剤を入れて温度状態をキープしましょう。

＼こんな場合の持ち歩きはNG／

・夏場など、気温が高い日　・具材の水分が多めのマフィン　・冷凍したものを自然解凍しながら

Part 2

オイルなし×米粉の生地で作る
スイーツマフィン

3種の基本マフィンの生地をベースに、
フルーツや野菜、チョコ、和風の食材などを合わせた、
甘いアレンジマフィンを紹介します。

176.0kcal
たんぱく質 4.7g
脂質 2.2g

148.5kcal
たんぱく質 2.8g
脂質 1.2g

アプリコットマフィン

甘く、しっかりとした酸味のある
あんずもマフィンにぴったり。
ジャムとドライフルーツを使えば、
手軽に作れます。
▷作り方は p.21

バナナ&バナナマフィン

「バナナベースのマフィン」に
輪切りのバナナをトッピング。
バナナの甘みと香りを凝縮した、
みんなが大好きなマフィンです。
▷作り方は p.20

148.8kcal
たんぱく質 3.9g
脂質 2.2g

ブルーベリーマフィン

ジャムと果肉のダブル使いで、
ブルーベリーらしい甘ずっぱさが
口いっぱいに広がります。
果肉は、生でも冷凍ものでも。
▷作り方は p.20

バナナベース
バナナ＆バナナマフィン

材料 [直径7cmのマフィン型6個分]
バナナ … 150g（正味）
きび砂糖 … 30g
卵 … 1個
米粉 … 120g
ベーキングパウダー … 小さじ1
バナナの輪切り … 100g（正味）

下準備
・型に紙カップを敷く。
・オーブンは180度に予熱する。

a 生地を作る

❶ ボウルにバナナを入れて泡立て器でよくつぶしてまぜる。
❷ 砂糖を加えてよくまぜ、卵を割り入れてさらによくまぜる。
❸ 米粉を加え、粉がなじんできたらぐるぐるとよくまぜる。
❹ ベーキングパウダーを加え、手早く、全体を均一にまぜる。

B 焼く

❺ 型に❹を等分に流し入れ、バナナの輪切りを等分にのせ[a]、180度のオーブンで20分ほど焼く。型からとり出して網にのせ、あら熱をとる。

生地の上にのせる、飾り用のバナナの輪切りは、7mm幅ぐらいを目安に切る。

ヨーグルト豆乳ベース
ブルーベリーマフィン

材料 [直径7cmのマフィン型5個分]
水きりヨーグルト（p.15参照）… 50g
豆乳（成分無調整）… 50ml
きび砂糖 … 40g
卵 … 1個
米粉 … 120g
ベーキングパウダー … 小さじ1
ブルーベリージャム … 大さじ1
ブルーベリー（生または冷凍）… 30g

下準備
・冷凍ブルーベリーの場合、冷蔵室で自然解凍し、キッチンペーパーで水けをとる。
・型に紙カップを敷く。
・オーブンを180度に予熱する。

a 生地を作る

❶ ボウルに水きりヨーグルト、豆乳を入れて泡立て器でよくまぜる。
❷ 砂糖を加えてよくまぜ、卵を割り入れてさらによくまぜ、ジャムを加えて[a]、よくまぜる。
❸ 米粉を加え、粉がなじんできたらぐるぐるとよくまぜる。
❹ ベーキングパウダーを加え、手早く、全体を均一にまぜる。

B 焼く

❺ 5個分の型に❹を等分に流し入れ、ブルーベリーを等分にのせ、180度のオーブンで20分ほど焼く。型からとり出して網にのせ、あら熱をとる。

生地にはジャムを加え、生または冷凍のブルーベリーは飾り用に。ジャムを加えるマフィンの場合、水分が多いので米粉の量を増やす。「ヨーグルト豆乳ベースのマフィン」（p.15）より多い、米粉120gを使用。

ヨーグルト豆乳ベース
アプリコットマフィン

材料 [直径7cmのマフィン型5個分]
水きりヨーグルト(p.15参照) ••• 50g
豆乳(成分無調整) ••• 50mℓ
きび砂糖 ••• 40g
卵 ••• 1個
米粉 ••• 120g
ベーキングパウダー ••• 小さじ1
あんずジャム ••• 大さじ1
干しあんず ••• 6個

下準備
・干しあんずは4～6等分に切り、飾り用に少々とり分ける。
・型に紙カップを敷く。
・オーブンを180度に予熱する。

α 生地を作る

❶ ボウルに水きりヨーグルト、豆乳を入れて泡立て器でよくまぜる。

❷ 砂糖を加えてよくまぜ、卵を割り入れてさらによくまぜ、ジャムを加えてよくまぜる。

❸ 米粉を加え、粉がなじんできたらぐるぐるとよくまぜる。

❹ ベーキングパウダーを加え、手早く、全体を均一にまぜ、干しあんずを加えて[a]、さっとまぜ合わせる。

β 焼く

❺ 5個分の型に❹を等分に流し入れ、飾り用の干しあんずを等分にのせ、180度のオーブンで20分ほど焼く。型からとり出して網にのせ、あら熱をとる。

生地にジャムと刻んだ干しあんずを加える。少量のあんずを上にのせると、華やかに。

a

160.1kcal
たんぱく質 2.8g
脂質 1.6g

バナナベース
アップルシナモンマフィン

ごろごろした角切り煮りんごは、電子レンジで作れて、簡単。
シナモンが香る生地と、香ばしいアーモンドの食感もよく合います。

材料 [直径7cmのマフィン型6個分]
バナナ ••• 150g（正味）
きび砂糖 ••• 30g
卵 ••• 1個
米粉 ••• 120g
ベーキングパウダー ••• 小さじ1
シナモンパウダー ••• 小さじ1
アーモンドスライス ••• 大さじ3
[煮りんご]
りんご ••• ½個（150g）
A ｜ きび砂糖 ••• 15g
　　｜ レモン汁 ••• 小さじ1

下準備
・型に紙カップを敷く。
・オーブンを180度に予熱する。

煮りんごには、適度な酸味と甘みの「サンふじ」や酸味のきいた「紅玉」などがおすすめ。アーモンドスライスは、焼き菓子の場合、生を選んで。シナモンは、米粉と同じタイミングで加える。

ａ 生地を作る

❶ 煮りんごを作る。りんごは8等分のくし形切りにして耐熱ボウルに入れ、**A**をまぶし、しばらくおく。水けが出たらふんわりとラップをし、電子レンジで5分ほど加熱する。あら熱をとって2cm角に切り、キッチンペーパーで水けをとり、飾り用に少々とり分ける。

❷ ボウルにバナナを入れて泡立て器でよくつぶしてまぜる。

❸ 砂糖を加えてよくまぜ、卵を割り入れてさらによくまぜる。

❹ 米粉、シナモンを加え[a]、粉がなじんできたらぐるぐるとよくまぜる。

❺ ベーキングパウダーを加え、手早く、全体を均一にまぜ、生地用の煮りんごを加えてさっとまぜ合わせる。

Ｂ 焼く

❻ 型に❺を等分に流し入れ、飾り用の煮りんごを等分にのせ、アーモンドスライスを散らし、180度のオーブンで20分ほど焼く。型からとり出して網にのせ、あら熱をとる。

147.3kcal
たんぱく質 4.1g
脂質 4.7g

ヨーグルト豆乳ベース
ココナッツパインマフィン

パイナップルのジューシーさとココナッツの食感が楽しい、トロピカルマフィン。パイナップルは生でも缶詰でも。

材料[直径7cmのマフィン型5個分]
水きりヨーグルト（p.15参照）••• 50g
豆乳（成分無調整）••• 50mℓ
きび砂糖 ••• 40g
卵 ••• 1個
米粉 ••• 110g
ベーキングパウダー ••• 小さじ1
ココナッツロング ••• 20g
パイナップル（缶詰でも可）••• 50g（正味）

下準備
・ココナッツロングは飾り用に少々とり分ける。
・パイナップルは7mm厚さの輪切りにし、さらに8等分にする。
・型に紙カップを敷く。
・オーブンを180度に予熱する。

「ココナッツロング」は果肉を細長く削り、乾燥させたもの。パイナップルは缶詰を使う場合、缶汁をよくきること。

ａ 生地を作る

❶ ボウルに水きりヨーグルト、豆乳を入れて泡立て器でよくまぜる。

❷ 砂糖を加えてよくまぜ、卵を割り入れてさらによくまぜる。

❸ 米粉を加え、粉がなじんできたらぐるぐるとよくまぜる。

❹ ベーキングパウダーを加え、手早く、全体を均一にまぜ、ココナッツロングを加えて[a]、さっとまぜ合わせる。

Ｂ 焼く

❺ 5個分の型に❹を等分に流し入れ、パイナップルを等分にさし込み、さらに飾り用のココナッツロングを等分にのせ、180度のオーブンで20分ほど焼く。型からとり出して網にのせ、あら熱をとる。

バナナベース
ラムレーズンマフィン

材料 [直径7cmのマフィン型6個分]
バナナ･･･150g（正味）
きび砂糖･･･30g
卵･･･1個
米粉･･･120g
ベーキングパウダー･･･小さじ1
ラムレーズン･･･50g

下準備
・ラムレーズンはキッチンペーパーで汁けをとり、飾り用に少々とり分ける。
・型に紙カップを敷く。
・オーブンを180度に予熱する。

a 生地を作る

❶ ボウルにバナナを入れて泡立て器でよくつぶしてまぜる。
❷ 砂糖を加えてよくまぜ、卵を割り入れてさらによくまぜる。
❸ 米粉を加え、粉がなじんできたらぐるぐるとよくまぜる。
❹ ベーキングパウダーを加え、手早く、全体を均一にまぜ、ラムレーズンを加えてまぜ合わせる。

B 焼く

❺ 型に❹を等分に流し入れ、飾り用のラムレーズンを等分にのせ、180度のオーブンで20分ほど焼く。型からとり出して網にのせ、あら熱をとる。

ラムレーズンは生地にまぜ、さらに上にのせると、華やかな仕上がりに。

ヨーグルト豆乳ベース
レモンマフィン

材料 [直径7cmのマフィン型5個分]
水きりヨーグルト（p.15参照）･･･50g
豆乳（成分無調整）･･･50mℓ
きび砂糖･･･40g
卵･･･1個
米粉･･･110g
ベーキングパウダー･･･小さじ1
レモンの皮のすりおろし･･･少々
[レモンのはちみつ漬け]
レモンの薄切り･･･5枚
はちみつ･･･適量

下準備
・レモンのはちみつ漬けを作る。保存容器にレモンを入れ、はちみつをひたひたに注ぎ、冷蔵室で2～3時間漬ける[a]。
・型に紙カップを敷く。
・オーブンを180度に予熱する。

a 生地を作る

❶ ボウルに水きりヨーグルト、豆乳を入れて泡立て器でよくまぜる。
❷ 砂糖を加えてよくまぜ、卵を割り入れてさらによくまぜる。
❸ 米粉を加え、粉がなじんできたらぐるぐるとよくまぜる。
❹ ベーキングパウダーを加え、手早く、全体を均一にまぜ、レモンの皮のすりおろしを加えてさっとまぜ合わせる。

B 焼く

❺ 5個分の型に❹を等分に流し入れ、汁けをきったレモンのはちみつ漬けを1枚ずつのせ、180度のオーブンで20分ほど焼く。型からとり出して網にのせ、あら熱をとる。

レモン1個を用意し、まずはちみつ漬けを作り、残りで皮をすりおろす。

a

レモンマフィン

レモンの皮を加えた生地から、
さわやかな酸味と香りがふんわり。
はちみつ漬けを飾ると、
見た目も味わいも華やかに。

ラムレーズンマフィン

ラム酒の香りが豊かに漂う、
少し大人のマフィン。
甘めのバナナベース生地との
相性も抜群です。

147.4kcal
たんぱく質 3.4g
脂質 2.2g

161.6kcal
たんぱく質 2.8g
脂質 1.6g

{ **139.7kcal**
たんぱく質 2.8g
脂質 1.2g

バナナベース
グレープフルーツと紅茶のマフィン

グレープフルーツの酸味と上品な紅茶の香りが好相性。
果肉の水分が多いので、焼いた当日中に食べきりましょう。

材料 [直径7cmのマフィン型6個分]
バナナ・・・150g（正味）
きび砂糖・・・30g
卵・・・1個
米粉・・・120g
ベーキングパウダー・・・小さじ1
紅茶（ティーバッグ）・・・1袋（2g）
グレープフルーツ・・・½個（正味100～120g）

下準備
・グレープフルーツは薄皮をむいて果肉をとり出し、3等分に割り、キッチンペーパーで水けをとる[a]。
・ティーバッグの袋を破り、茶葉をとり出し、あらいようならこまかく刻む[b]。
・型に紙カップを敷く。
・オーブンを180度に予熱する

a

b

グレープフルーツはルビーを使うと華やか。紅茶はかんきつ系の香りがついた「アールグレイ」が相性抜群。こまかく砕かれたティーバッグ内の茶葉を使うと便利。あらい場合は食感が悪くなるので刻む。

𝑎 生地を作る

❶ ボウルにバナナを入れて泡立て器でよくつぶしてまぜる。
❷ 砂糖を加えてよくまぜ、卵を割り入れてさらによくまぜる。
❸ 米粉、紅茶の茶葉を加え[c]、粉がなじんできたらぐるぐるとよくまぜる。
❹ ベーキングパウダーを加え、手早く、全体を均一にまぜる。

𝐵 焼く

❺ 型に❹を等分に流し入れ、グレープフルーツをうめ込み、180度のオーブンで20分ほど焼く。型からとり出して網にのせ、あら熱をとる。

c

豆腐ベース
チョコチップのココアマフィン

材料 [直径7cmのマフィン型6個分]
充填豆腐（または絹ごし豆腐）・・・150g
きび砂糖・・・40g
卵・・・1個
米粉・・・110g
ベーキングパウダー・・・小さじ1
チョコチップ・・・30g
ココアパウダー・・・10g
オレンジの薄切り・・・30g

下準備
・オレンジの薄切りはいちょう切りにする。
・型に紙カップを敷く。
・オーブンを180度に予熱する。

𝑎 生地を作る

❶ ボウルに豆腐を入れて泡立て器でよくつぶしてまぜる。

❷ 砂糖を加えてよくまぜ、卵を割り入れてさらによくまぜる。

❸ 米粉、ココアパウダーを加え、粉がなじんできたらぐるぐるとよくまぜる。

❹ ベーキングパウダーを加え、手早く、全体を均一にまぜ、チョコチップを加えてさっとまぜ合わせる。

ℬ 焼く

❺ 型に❹を等分に流し入れ、180度のオーブンで20分ほど焼く。型からとり出して網にのせ、すぐにオレンジの薄切りを等分にのせ、あら熱をとる。

ココアパウダーは米粉と同時に加える。チョコチップは「焼き菓子用」を選んで。オレンジは焼いたあとにのせるとジューシー。

バナナベース
レーズンのココアマフィン

材料 [直径7cmのマフィン型6個分]
バナナ・・・150g（正味）
きび砂糖・・・30g
卵・・・1個
米粉・・・110g
ココアパウダー・・・10g
ベーキングパウダー・・・小さじ1
レーズン・・・30g
[ココアクランブル]
ココアパウダー、グラニュー糖、
　米粉・・・各大さじ1½
プレーンヨーグルト（無糖）・・・大さじ1

下準備
・型に紙カップを敷く。
・オーブンを180度に予熱する。

𝑎 生地を作る

❶ ボウルにバナナを入れて泡立て器でよくつぶしてまぜる。

❷ 砂糖を加えてよくまぜ、卵を割り入れてさらによくまぜる。

❸ 米粉、ココアパウダーを加え、粉がなじんできたらぐるぐるとよくまぜる。

❹ ベーキングパウダーを加え、手早く、全体を均一にまぜ、レーズンを加えてさっとまぜ合わせる。

ℬ 焼く

❺ 型に❹を等分に流し入れる。ココアクランブルを手早く作って等分にのせ（作り方はp.48参照）、180度のオーブンで20分ほど焼く。型からとり出して網にのせ、あら熱をとる。

ココアパウダーは「チョコチップのココアマフィン」と同量。レーズンはラムレーズンにかえてもおいしい。

171.3kcal
たんぱく質 3.5g
脂質 2.0g
+ココアクランブル
27.3kcal / たんぱく質 0.6g / 脂質 0.5g

156.8kcal
たんぱく質 4.2g
脂質 3.9g

レーズンのココアマフィン

甘いバナナベースのココア生地に
レーズンを組み合わせて。
油分不使用のココアクランブルで
ザクザクの食感をプラス。

チョコチップのココアマフィン

豆腐ベースのココア生地に、
みんな大好きなチョコチップを
まぜ込んだ、定番マフィン。
焼き上がりにオレンジをのせて。

178.0kcal
たんぱく質 4.3g
脂質 3.9g

コーヒーホワイトチョコマフィン

コーヒーの香りとほろ苦さが
豊かな、大人の味わい。
トッピングのホワイトチョコが、
味と見た目のアクセントに。

204.7kcal
たんぱく質 3.5g
脂質 5.0g

クッキーチョコマフィン

オレオ®クッキーをランダムにのせた、
少しジャンクな味わいのマフィン。
クッキーのサクサク食感と甘さで
食べごたえもじゅうぶんあります。

バナナベース
クッキーチョコマフィン

材料[直径7cmのマフィン型6個分]
バナナ ••• 150g（正味）
きび砂糖 ••• 30g
卵 ••• 1個
米粉 ••• 110g
ベーキングパウダー ••• 小さじ1
オレオ®クッキー ••• 6個
板チョコレート（好みのもの）••• 30g
ココアパウダー ••• 10g

下準備
・オレオ®クッキーは手で3かけに割る。
・板チョコレートはこまかく刻む。
・型に紙カップを敷く。
・オーブンを180度に予熱する。

ａ 生地を作る

❶ ボウルにバナナを入れて泡立て器でよくつぶしてまぜる。

❷ 砂糖を加えてよくまぜ、卵を割り入れてさらによくまぜる。

❸ 米粉、ココアパウダーを加え、粉がなじんできたらぐるぐるとよくまぜる。

❹ ベーキングパウダーを加え、手早く、全体を均一にまぜ、チョコレートを加えさっとまぜ合わせる。

Ｂ 焼く

❺ 型に❹を等分に流し入れ、クッキーを3かけずつさし込み、180度のオーブンで20分ほど焼く。型からとり出して網にのせ、あら熱をとる。

オレオ®クッキーは手でラフに割ると楽しい仕上がりに。チョコはブラックなど好みの板チョコを使用。

豆腐ベース
コーヒーホワイトチョコマフィン

材料[直径7cmのマフィン型6個分]
充填豆腐（または絹ごし豆腐）••• 150g
きび砂糖 ••• 40g
卵 ••• 1個
米粉 ••• 120g
ベーキングパウダー ••• 小さじ1
インスタントコーヒー ••• 大さじ1
板チョコレート（ホワイト）••• 30g

下準備
・板チョコレートは、半量は生地用にあらく刻み、残りは飾り用に手であらく割る。
・型に紙カップを敷く。
・オーブンを180度に予熱する。

ａ 生地を作る

❶ ボウルに豆腐を入れて泡立て器でよくつぶしてまぜる。

❷ インスタントコーヒーを加えて[ａ]、コーヒーの粒が見えなくなり、全体がコーヒー色になるまでよくまぜる。砂糖を加えて、さらによくまぜる。

❸ 卵を割り入れてさらによくまぜる。

❹ 米粉を加え、粉がなじんできたらぐるぐるとよくまぜる。

❺ ベーキングパウダーを加え、手早く、全体を均一にまぜ、生地用のチョコレートを加えさっとまぜ合わせる。

Ｂ 焼く

❻ 型に❺を等分に流し入れ、180度のオーブンで20分ほど焼く。型からとり出して網にのせ、さわってあたたかいぐらいの温度になったら飾り用のチョコレートをのせて、あら熱をとる。

コーヒーは生地によくなじませるため、なめらかにした豆腐に加えてまぜる。カフェインレスなら、食べる人を選ばない。板チョコは、市販の普通のものでOK。

ヨーグルト豆乳ベース
グラノーラとプルーンのマフィン

材料 [直径7cmのマフィン型5個分]
水きりヨーグルト（p.15参照）・・・50g
豆乳（成分無調整）・・・50mℓ
きび砂糖・・・40g
卵・・・1個
米粉・・・110g
ベーキングパウダー・・・小さじ1
グラノーラ（市販）・・・40g
ドライプルーン・・・30g

下準備
・プルーンは1個を2〜3かけに切り、5つに分ける。
・型に紙カップを敷く。
・オーブンを180度に予熱する。

a 生地を作る
❶ ボウルに水きりヨーグルト、豆乳を入れて泡立て器でよくまぜる。
❷ 砂糖を加えてよくまぜ、卵を割り入れてさらによくまぜる。
❸ 米粉を加え、粉がなじんできたらぐるぐるとよくまぜる。
❹ ベーキングパウダーを加え、手早く、全体を均一にまぜる。

B 焼く
❺ 5個分の型に❹を等分に流し入れ、プルーンをそれぞれにうめ込み、グラノーラを等分にのせ、180度のオーブンで20分ほど焼く。型からとり出して網にのせ、あら熱をとる。

グラノーラは、ドライフルーツなども配合されたものだと彩りもきれい。プルーンはオイルコーティングされていないものを。

バナナベース
キャラメルナッツマフィン

材料 [直径7cmのマフィン型6個分]
バナナ・・・150g（正味）
きび砂糖・・・30g
卵・・・1個
米粉・・・120g
ベーキングパウダー・・・小さじ1
キャラメルカシューナッツ（市販）・・・30g
アイシング・・・適量
　（材料・作り方は p.48参照）

下準備
・カシューナッツは飾り用に少々をとり分け、残りの生地用をあらく刻む。
・型に紙カップを敷く。
・オーブンを180度に予熱する。

a 生地を作る
❶ ボウルにバナナを入れて泡立て器でよくつぶしてまぜる。
❷ 砂糖を加えてよくまぜ、卵を割り入れてさらによくまぜる。
❸ 米粉を加え、粉がなじんできたらぐるぐるとよくまぜる。
❹ ベーキングパウダーを加え、手早く、全体を均一にまぜ、生地用のカシューナッツを加えてさっとまぜ合わせる。

B 焼く
❺ 型に❹を等分に流し入れ、飾り用のカシューナッツを等分にのせ、180度のオーブンで20分ほど焼く。型からとり出して網にのせ、あら熱をとる。冷めたらアイシングを作り、スプーンでそれぞれにのせ、のばす。

カシューナッツ（左）は適度に食感がやわらかで、マフィンにぴったり。マカデミアンナッツ（右）などにかえても。手作りする場合は右記参照。

キャラメルカシューナッツの材料と作り方
鍋にグラニュー糖20g、水大さじ2/3を入れて煮立たせる。カシューナッツ（ロースト）30gを加え、へらでまぜながら水分を飛ばす。カラメル色になり、つやが出てきたらクッキングシートを敷いたバットにとり出し、ほぐして乾燥させる。

163.2kcal
たんぱく質 3.4g
脂質 3.2g

＋アイシング（小さじ1）
19.0kcal／たんぱく質 0.0g
脂質 0.0g

キャラメルナッツマフィン

キャラメリゼしたカシューナッツの
風味とカリッとした食感を
市販品を使って簡単に楽しめます。
仕上げのアイシングはお好みで。

159.6kcal
たんぱく質 4.2g
脂質 2.9g

グラノーラとプルーンのマフィン

食物繊維や鉄分、ミネラルなどの
栄養たっぷりで、腸活にもいい
グラノーラとプルーンのコンビ。
プルーンの甘ずっぱさをきかせて。

141.2kcal
たんぱく質 3.1g
脂質 3.0g
＋チーズフロスティング（大さじ1）
22.2kcal / たんぱく質 1.3g / 脂質 0.5g

バナナベース
キャロットマフィン

にんじんにシナモンやナッツを加えた、「キャロットケーキ」風。
素朴な風味の生地に、濃厚なチーズフロスティングをのせて。

材料 [直径7cmのマフィン型6個分]
バナナ･･･150g（正味）
きび砂糖･･･30g
卵･･･1個
米粉･･･100g
ベーキングパウダー･･･小さじ1½
にんじんのすりおろし･･･70g
アーモンドプードル･･･20g
シナモンパウダー･･･小さじ½
チーズフロスティング･･･適量
　（材料・作り方はp.49参照）

下準備
・にんじんのすりおろしは軽くしぼる。
・型に紙カップを敷く。
・オーブンを180度に予熱する。

にんじんの繊維をほぐし、アーモンドプードルもよく生地になじませるため、ともに米粉の前に加える。シナモンは米粉と同じタイミング。

a 生地を作る

❶ ボウルにバナナを入れて泡立て器でよくつぶしてまぜる。

❷ 砂糖を加えてよくまぜ、卵を割り入れてさらによくまぜる。にんじんのすりおろし、アーモンドプードルを加え[a]、よくまぜ合わせる。

❸ 米粉、シナモンを加え、粉がなじんできたらぐるぐるとよくまぜる。

❹ ベーキングパウダーを加え、手早く、全体を均一にまぜる。

B 焼く

❺ 型に❹を等分に流し入れ、180度のオーブンで20分ほど焼く。焼いている間に、チーズフロスティングを作る。

❻ 焼き上がったら型からとり出して網にのせ、あら熱をとる。冷めたら、チーズフロスティングをスプーンでそれぞれにのせる。

豆腐ベース
かぼちゃマフィン

材料［直径7cmのマフィン型6個分］
充填豆腐（または絹ごし豆腐）・・・150g
きび砂糖・・・40g
卵・・・1個
米粉・・・100g
ベーキングパウダー・・・小さじ1
かぼちゃ・・・150g（正味）
シナモンパウダー・・・小さじ1

下準備
・型に紙カップを敷く。
・オーブンを180度に予熱する。

ɑ 生地を作る

❶ かぼちゃは一口大に切ってさっとぬらし、ラップで包み、電子レンジで3分ほど加熱して冷ます。皮を除き、100gは生地用にペースト状にし、残りは飾り用に2cm角に切る。

❷ ボウルに豆腐を入れて泡立て器でよくつぶしてまぜる。

❸ 砂糖を加えてよくまぜ、卵を割り入れてさらによくまぜ、生地用のかぼちゃを加えてよくまぜる。

❹ 米粉、シナモンを加え、粉がなじんできたらぐるぐるとよくまぜる。

❺ ベーキングパウダーを加え、手早く、全体を均一にまぜる。

B 焼く

❻ 型に❺を等分に流し入れ、飾り用のかぼちゃをのせ、180度のオーブンで20分ほど焼く。型からとり出して網にのせ、あら熱をとる。

かぼちゃの生地用はペースト状に、飾り用は角切りにする。生地によくなじませるため、生地用は米粉の前に加える。

豆腐ベース
焼きいもマフィン

材料［直径7cmのマフィン型6個分］
充填豆腐（または絹ごし豆腐）・・・150g
きび砂糖・・・40g
卵・・・1個
米粉・・・120g
ベーキングパウダー・・・小さじ1
焼きいも（市販）・・・100g
黒ごま・・・大さじ1
塩・・・ひとつまみ

下準備
・焼きいもは1cm角に切る。飾り用に少々とり分ける。
・型に紙カップを敷く。
・オーブンを180度に予熱する。

ɑ 生地を作る

❶ ボウルに豆腐を入れて泡立て器でよくつぶしてまぜる。

❷ 砂糖を加えてよくまぜ、卵を割り入れてさらによくまぜる。

❸ 米粉を加え、粉がなじんできたらぐるぐるとよくまぜる。

❹ ベーキングパウダーを加え、手早く、全体を均一にまぜ、焼きいもを加えてさっとまぜ合わせる。

B 焼く

❺ 型に❹を等分に流し入れ、飾り用の焼きいもを等分にのせ、黒ごま、塩を等分に振り、180度のオーブンで20分ほど焼く。型からとり出して網にのせ、あら熱をとる。

ひとつまみの塩には、焼きいもの自然な甘みを引き立てる効果が。焼きいもの角切りは生地にもまぜるので、小さめに。

155.2kcal
たんぱく質 3.9g
脂質 1.9g

かぼちゃマフィン

昔ながらのおやつのような、
素朴でやさしい風味。
かぼちゃの自然な甘みに
シナモンの香りがよく合います。

焼きいもマフィン

153.5kcal
たんぱく質 4.0g
脂質 2.4g

ねっとり、甘みが詰まった
角切り焼きいもをたっぷりと使用。
黒ごまの香ばしい風味と
ほんの少しの塩が引き立て役に。

豆腐ベース
ほうじ茶と甘納豆のマフィン

材料 [直径7cmのマフィン型6個分]
充填豆腐(または絹ごし豆腐) ・・・ 150g
きび砂糖 ・・・ 40g
卵 ・・・ 1個
米粉 ・・・ 115g
ベーキングパウダー ・・・ 小さじ1
ほうじ茶の茶葉 ・・・ 5g
甘納豆 ・・・ 30g

下準備
・ほうじ茶はフードプロセッサーかすり鉢でこまかくすりつぶす。
・型に紙カップを敷く。
・オーブンを180度に予熱する。

ａ 生地を作る

❶ ボウルに豆腐を入れて泡立て器でよくつぶしてまぜる。

❷ 砂糖を加えてよくまぜ、卵を割り入れてさらによくまぜる。

❸ 米粉、ほうじ茶を加え、粉がなじんできたらぐるぐるとよくまぜる。

❹ ベーキングパウダーを加え、手早く、全体を均一にまぜる。

ｂ 焼く

❺ 型に❹を等分に流し入れ、甘納豆を等分にのせ、180度のオーブンで20分ほど焼く。型からとり出して網にのせ、あら熱をとる。好みで豆乳クリーム(材料・作り方はp.49参照)を添える。

ほうじ茶は食感にかかわるので、こまかめに。製菓用のほうじ茶パウダーでも。量はお好みで調整して。甘納豆は、数種ミックスのものだと彩り豊かに仕上がる。

豆腐ベース
抹茶とホワイトチョコのマフィン

材料 [直径7cmのマフィン型6個分]
充填豆腐(または絹ごし豆腐) ・・・ 150g
きび砂糖 ・・・ 40g
卵 ・・・ 1個
米粉 ・・・ 115g
ベーキングパウダー ・・・ 小さじ1
抹茶 ・・・ 5g
ホワイトチョコチップ ・・・ 30g

下準備
・型に紙カップを敷く。
・オーブンを180度に予熱する。

ａ 生地を作る

❶ ボウルに豆腐を入れて泡立て器でよくつぶしてまぜる。

❷ 砂糖を加えてよくまぜ、卵を割り入れてさらによくまぜる。

❸ 米粉、抹茶を加え、粉がなじんできたらぐるぐるとよくまぜる。

❹ ベーキングパウダーを加え、手早く、全体を均一にまぜ、ホワイトチョコチップを加えてさっとまぜ合わせる。

ｂ 焼く

❺ 型に❹を等分に流し入れ、180度のオーブンで20分ほど焼く。型からとり出して網にのせ、あら熱をとる。好みで豆乳クリーム(材料・作り方はp.49参照)を添える。

抹茶はきめこまかいものを選ぶ。ホワイトチョコチップは、刻んだ板チョコレートでも。

ほうじ茶と甘納豆のマフィン

和菓子のような、かわいらしさ。
香ばしいほうじ茶の香りと
甘納豆のしっとりした深い甘みで
ほっとするおいしさです。

148.7kcal
たんぱく質 4.0g
脂質 2.0g
＋豆乳クリーム（でき上がりの1/10量）
23.3kcal／たんぱく質 0.8g／脂質 0.4g

155.7kcal
たんぱく質 4.2g
脂質 3.9g
＋豆乳クリーム（でき上がりの1/10量）
23.3kcal／たんぱく質 0.8g／脂質 0.4g

抹茶とホワイトチョコのマフィン

緑×白の色合いが目にも鮮やか。
抹茶のほろ苦い風味と
ホワイトチョコの甘みがよく合う、
和洋折衷の味わいです。

160.0kcal
たんぱく質 6.4g
脂質 3.8g

豆腐ベース
たっぷりあんこのマフィン

割ると、中にあんこがたっぷり。生地にもまぜ合わせていて、あんこの風味を満喫できます。くるみの香ばしさと食感がマッチ。

材料 [直径7cmのマフィン型6個分]
充填豆腐（または絹ごし豆腐）••• 150g
きび砂糖 ••• 20g
卵 ••• 1個
米粉 ••• 100g
ベーキングパウダー ••• 小さじ1
こしあん ••• 160g
くるみ（ロースト）••• 3個（4g）

下準備
・こしあんの100gは生地用にとり分け、残りの60gは6等分してそれぞれ丸めてあんこ玉を作る。
・くるみは1個を2〜3等分に手で割る。
・型に紙カップを敷く。
・オーブンを180度に予熱する。

こしあんは粒あんより生地にまぜやすい。生地によくなじませるため、生地用は米粉の前に加える。くるみは生のものでも。

𝒶 生地を作る

❶ ボウルに豆腐を入れて泡立て器でよくつぶしてまぜる。

❷ 砂糖を加えてよくまぜ、卵を割り入れてさらによくまぜ、生地用のこしあんを加えてよくまぜる。

❸ 米粉を加え、粉がなじんできたらぐるぐるとよくまぜる。

❹ ベーキングパウダーを加え、手早く、全体を均一にまぜる。

❺ 型の⅓ぐらいまで❹を流し入れ、あんこ玉を真ん中にのせる[a]。残りの生地を等分に流し入れる。

ℬ 焼く

❻ くるみを等分にのせ、180度のオーブンで20分ほど焼く。型からとり出して網にのせ、あら熱をとる。

a

豆腐ベース
マーラーカオ風マフィン

材料 [直径7cmのマフィン型6個分]
充填豆腐(または絹ごし豆腐) ••• 150g
卵 ••• 1個
米粉 ••• 120g
ベーキングパウダー ••• 小さじ1
黒砂糖 ••• 40g
しょうゆ ••• 小さじ1

下準備
・型に紙カップを敷く。
・オーブンを180度に予熱する。

a 生地を作る

❶ ボウルに豆腐を入れて泡立て器でよくつぶしてまぜる。
❷ 黒砂糖を加えてよくまぜ [a]、しょうゆを加えてよくまぜる。卵を割り入れてさらによくまぜる。
❸ 米粉を加え、粉がなじんできたらぐるぐるとよくまぜる。
❹ ベーキングパウダーを加え、手早く、全体を均一にまぜる。

B 焼く

❺ 型に❹を等分に流し入れ、180度のオーブンで20分ほど焼く。型からとり出して網にのせ、あら熱をとる。

黒砂糖のコクが味のポイントに。しょうゆは黒砂糖と同じタイミングで加える。

豆腐ベース
きなこと甘栗のマフィン

材料 [直径7cmのマフィン型6個分]
充填豆腐(または絹ごし豆腐) ••• 150g
きび砂糖 ••• 40g
卵 ••• 1個
米粉 ••• 100g
ベーキングパウダー ••• 小さじ1
きなこ ••• 20g
むき甘栗 ••• 6個

下準備
・きなこは仕上げ用少々を用意する(分量外)。
・甘栗は1個を4等分に切る。
・型に紙カップを敷く。
・オーブンを180度に予熱する。

a 生地を作る

❶ ボウルに豆腐を入れて泡立て器でよくつぶしてまぜる。
❷ 砂糖を加えてよくまぜ、卵を割り入れてさらによくまぜる。
❸ 米粉、きなこを加え、粉がなじんできたらぐるぐるとよくまぜる。
❹ ベーキングパウダーを加え、手早く、全体を均一にまぜ、甘栗を加えてさっとまぜ合わせる。

B 焼く

❺ 型に❹を等分に流し入れ、180度のオーブンで20分ほど焼く。型からとり出して網にのせ、仕上げ用のきなこを振り、あら熱をとる。

きなこは米粉と同じタイミングで加える。
栗はむき甘栗を使えば、調理がラク。

マーラーカオ風マフィン

素朴な黒砂糖の甘みの中に、
しょうゆの風味がほんのり。
中華蒸しパン「マーラーカオ」
さながらの味わいが楽しめます。

125.3kcal
たんぱく質 3.8g
脂質 1.9g

きなこと甘栗のマフィン

香ばしくてやさしいきなこ生地に、
ほくほくの甘栗がごろごろ。
仕上げの"追いきなこ"で
さらに風味豊かに。

149.0kcal
たんぱく質 5.1g
脂質 2.7g

ゆずマフィン

香り高いゆずをふんだんに。
焼く途中に一度とり出して
ジャムをトッピングすると、
沈まずに仕上がります。

130.7kcal
たんぱく質 3.6g
脂質 1.9g

137.5kcal
たんぱく質 3.8g
脂質 2.0g

はちみつしょうがの薬膳マフィン

体をあたためるしょうがと
はちみつの生地をベースに、
なつめとくこの実をトッピング。
女性にうれしい組み合わせです。

豆腐ベース
ゆずマフィン

材料 [直径7cmのマフィン型6個分]
- 充填豆腐(または絹ごし豆腐) ・・・ 150g
- きび砂糖 ・・・ 40g
- 卵 ・・・ 1個
- 米粉 ・・・ 100g
- ベーキングパウダー ・・・ 小さじ1½
- ゆずジャム ・・・ 大さじ3
- ゆずの皮 ・・・ 少々
- アーモンドパウダー ・・・ 20g

下準備
- ゆずジャムの大さじ1は生地用にとり分け、残りは仕上げ用にする。
- ゆずの皮はせん切りにする。
- 型に紙カップを敷く。
- オーブンを180度に予熱する。

a 生地を作る

❶ ボウルに豆腐を入れて泡立て器でよくつぶしてまぜる。

❷ 砂糖を加えてよくまぜ、卵を割り入れてさらによくまぜる。

❸ アーモンドパウダーを加えてよくまぜ、生地用のジャムを加えてさらによくまぜる。

❹ 米粉を加え、粉がなじんできたらぐるぐるとよくまぜる。

❺ ベーキングパウダーを加え、手早く、全体を均一にまぜ、ゆずの皮を加えてさっとまぜ合わせる。

B 焼く

❻ 型に❺を等分に流し入れ、180度のオーブンで20分ほど焼く。途中、10分ほど焼いたら一度オーブンからとり出し、仕上げ用のゆずジャムを小さじ1ずつかけて[a]、再び10分ほど焼く。型からとり出して網にのせ、あら熱をとる。

ゆず独特の風味をより感じられるように、ジャムでゆずの甘みを、皮で香りを加える。

a

豆腐ベース
はちみつしょうがの薬膳マフィン

材料 [直径7cmのマフィン型6個分]
- 充填豆腐(または絹ごし豆腐) ・・・ 150g
- きび砂糖 ・・・ 40g
- 卵 ・・・ 1個
- 米粉 ・・・ 120g
- ベーキングパウダー ・・・ 小さじ1
- ドライなつめ(薄切り) ・・・ 2個分
- くこの実 ・・・ 18個
- [しょうがのはちみつ漬け]
- しょうがの薄切り ・・・ 30g(2かけ分)
- はちみつ ・・・ 適量

下準備
- しょうがのはちみつ漬けを作る。保存容器にしょうがを入れ、はちみつをひたひたに注ぎ、冷蔵室で1週間ほど漬ける[a]。使う前に汁けをきらずにせん切りにする[b]。
- 型に紙カップを敷く。
- オーブンを180度に予熱する。

a 生地を作る

❶ ボウルに豆腐を入れて泡立て器でよくつぶしてまぜる。

❷ 砂糖を加えてよくまぜ、卵を割り入れてさらによくまぜる。

❸ 米粉を加え、粉がなじんできたらぐるぐるとよくまぜる。

❹ ベーキングパウダーを加え、手早く、全体を均一にまぜ、しょうがのはちみつ漬けを加えてさっとまぜ合わせる。

B 焼く

❺ 型に❹を等分に流し入れ、なつめ、くこの実をのせ、180度のオーブンで20分ほど焼く(こげそうになったら、アルミホイルをかぶせる)。型からとり出して網にのせ、あら熱をとる。

a   b

47

Column 2

ヘルシーなトッピングで簡単デコマフィン

簡単にできるトッピングを施すだけで、シンプルなマフィンも華やかな表情に。
脂質をぐっとおさえた、低カロリーでヘルシーなトッピングをご紹介します。

{ マフィン1個分
27.3kcal
たんぱく質 0.6g
脂質 0.5g

{ 小さじ1分
19.0kcal
たんぱく質 0.0g
脂質 0.0g

ココアクランブル

ココアとヨーグルトの水分でそぼろ状に。
焼くとザクザクの食感。

▷ p.30 でも使用

材料 [マフィン6個分]
ココアパウダー、グラニュー糖、
　米粉 …… 各大さじ1 ½
プレーンヨーグルト（無糖） …… 大さじ1

❶ 大きめのボウルにココアパウダー、グラニュー糖、米粉をまぜ合わせる。

❷ ヨーグルトを加え[a]、カードで切るようにさくさくと手早くまぜ合わせ、そぼろ状にし（まぜすぎに注意）[b]、使うまで冷蔵室で冷やす。

❸ マフィン生地にのせ、180度のオーブンで20分ほど焼く。

アイシング

粉糖をレモン汁でのばしたアイシングで、
さわやかな風味もプラス。

▷ p.34 でも使用

材料 [作りやすい分量]
粉糖 …… 50g
レモン汁 …… 小さじ2

❶ ボウルに粉糖を入れ、レモン汁を加えてスプーンなどでよくねりまぜる[a]。

❷ 焼いて冷ましたマフィンの上にスプーンで適量のせ、のばす[b]。

\デコったのは？/
豆腐ベースのマフィン
▷作り方は p.12

大さじ1分
22.2kcal
たんぱく質 1.3g
脂質 0.5g

チーズフロスティング

脂肪分の少ないカッテージチーズで、
たっぷりのせても罪悪感なし。

▷ p.36 でも使用

材料［作りやすい分量］
カッテージチーズ（裏ごしタイプ） 100g
グラニュー糖　30g
レモン汁　小さじ1

❶ ボウルにカッテージチーズを入れて泡立て器でなめらかにねる。
❷ グラニュー糖、レモン汁を加え、なめらかにねる[a]。
❸ 焼いて冷ましたマフィンの上にスプーンで適量のせ、のばす[b]。

でき上がりの1/10量分
23.3kcal
たんぱく質 0.8g
脂質 0.4g

豆乳クリーム

米粉を合わせた、ぽってりとした
ヘルシークリーム。

▷ p.40 でも使用

材料［約200㎖分］
豆乳　200㎖
米粉　20g
きび砂糖　大さじ2
バニラエッセンス　数滴

❶ 耐熱ボウルに米粉、きび砂糖を入れ、豆乳50㎖ほどを加え、泡立て器でよくまぜる[a]。ダマがなくなったら、残りの豆乳を加えてまぜる。
❷ ラップをかけずに電子レンジで2分ほど加熱する。一度とり出し、下からよくまぜ、さらに1分30秒ほど加熱する。とり出してバニラエッセンスを加え、よくまぜる[b]。
❸ ラップをクリームにぴったりと張りつけるようにしてかけ、あら熱をとり、冷蔵室で冷ます（冷蔵で3日ほど保存可）。

Part 3

オイルなし × 米粉の生地で作る
おかずマフィン

3種の基本マフィンの生地の砂糖を減らして塩を加え、
肉や魚介、卵、野菜、チーズなどを合わせた、
食事向きのアレンジマフィンを紹介します。

うずらの卵とコーンのカレーマフィン

カレーのスパイシーな風味と
コーンの甘みのバランスが絶妙。
マフィンを割ると、
中からうずらの卵が出てきます。
▷作り方は p.52

131.7kcal
たんぱく質 4.8g
脂質 3.1g

135.4kcal
たんぱく質 6.4g
脂質 2.3g

パプリカとサラダチキンのマフィン

サラダチキンがごろごろ入って、
ボリュームたっぷり。
パプリカを加えれば、
彩りと栄養がアップします。
▷作り方は p.53

ソーセージとパセリのマフィン

甘みの強いバナナベースの生地に
ソーセージをトッピングした
アメリカンドッグ風のマフィン。
パセリの風味が食欲をそそります。
▷作り方は p.53

169.3kcal
たんぱく質 4.7g
脂質 5.5g

豆腐ベース
うずらの卵とコーンのカレーマフィン

材料 [直径7cmのマフィン型6個分]
充填豆腐(または絹ごし豆腐) ・・・ 150g
きび砂糖 ・・・ 10g
塩 ・・・ 2g
卵 ・・・ 1個
米粉 ・・・ 120g
ベーキングパウダー ・・・ 小さじ1
うずらの卵(水煮) ・・・ 6個
ホールコーン(缶詰) ・・・ 大さじ6 (60g)
カレー粉 ・・・ 小さじ1

下準備
・型に紙カップを敷く。
・オーブンは180度に予熱する。

A 生地を作る

❶ ボウルに豆腐を入れて泡立て器でよくつぶしてまぜる。

❷ 砂糖、塩を加えてよくまぜ[a]、カレー粉を加えてよくまぜる。卵を割り入れてさらによくまぜる。

❸ 米粉を加え、粉がなじんできたらぐるぐるとよくまぜる。

❹ ベーキングパウダーを加え、手早く、全体を均一にまぜる。

B 焼く

❺ 型の1/3ぐらいまで❹を流し入れ、うずらの卵を1個ずつ真ん中にのせる[b]。残りの生地を等分に流し入れる。

❻ コーンを等分にのせ、180度のオーブンで20分ほど焼く。型からとり出して網にのせ、あら熱をとる。

カレー粉は生地にまんべんなくなじむように、砂糖、塩と同じタイミングで加える。うずらの卵は生地の中にうめ、コーンは飾り用に。

ヨーグルト豆乳ベース
パプリカとサラダチキンのマフィン

材料［直径7cmのマフィン型5個分］
水きりヨーグルト（p.15参照）••• 50g
豆乳（成分無調整）••• 50ml
きび砂糖 ••• 10g
塩 ••• 2g
卵 ••• 1個
米粉 ••• 120g
ベーキングパウダー ••• 小さじ1
パプリカ（赤・黄）••• あわせて50g
サラダチキン（ハーブ風味・市販）••• 50g

下準備
・パプリカは7mm角に、サラダチキンは1cm角に切り、飾り用にそれぞれ少々とり分ける。
・型に紙カップを敷く。
・オーブンを180度に予熱する。

α 生地を作る

❶ ボウルに水きりヨーグルト、豆乳を入れて泡立て器でよくまぜる。

❷ 砂糖、塩を加えてよくまぜ、卵を割り入れてさらによくまぜる。

❸ 米粉を加え、粉がなじんできたらぐるぐるとよくまぜる。

❹ ベーキングパウダーを加え、手早く、全体を均一にまぜ、パプリカ、サラダチキンを加えてさっとまぜる[a]。

β 焼く

❺ 5個分の型に❹を等分に流し入れ、飾り用のパプリカ、サラダチキンを等分にのせ、180度のオーブンで20分ほど焼く。型からとり出して網にのせ、あら熱をとる。

サラダチキンはハーブ風味のものがよく合う。パプリカは赤と黄、どちらかだけでも。

バナナベース
ソーセージとパセリのマフィン

材料［直径7cmのマフィン型6個分］
バナナ ••• 150g（正味）
きび砂糖 ••• 10g
塩 ••• 2g
卵 ••• 1個
米粉 ••• 120g
ベーキングパウダー ••• 小さじ1
ウインナソーセージ ••• 6本（90g）
パセリのみじん切り ••• 小さじ1
トマトケチャップ ••• 少々

下準備
・型に紙カップを敷く。
・オーブンを180度に予熱する。

α 生地を作る

❶ ボウルにバナナを入れて泡立て器でよくつぶしてまぜる。

❷ 砂糖、塩を加えてよくまぜ、卵を割り入れてさらによくまぜる。

❸ 米粉を加え、粉がなじんできたらぐるぐるとよくまぜる。

❹ ベーキングパウダーを加え、手早く、全体を均一にまぜる。

β 焼く

❺ 型に❹を等分に流し入れ、ソーセージを横にして1本ずつのせ、上にトマトケチャップをかけ、パセリを等分に振る。180度のオーブンで20分ほど焼く。型からとり出して網にのせ、あら熱をとる。

ソーセージが長い場合は、マフィンの大きさに合わせて切る。パセリのみじん切りは、乾燥のものでも可。

ヨーグルト豆乳ベース
えびとアボカドのマフィン

材料 [直径7cmのマフィン型5個分]
水きりヨーグルト(p.15参照) ••• 50g
豆乳(成分無調整) ••• 50㎖
きび砂糖 ••• 10g
塩 ••• 2g
卵 ••• 1個
米粉 ••• 110g
ベーキングパウダー ••• 小さじ1½
蒸しえび ••• 15尾
アボカド ••• ½個
A｜おろしにんにく ••• ごく少々
　｜レモン汁、塩 ••• 各少々
パセリ ••• 適量

下準備
・アボカドは1cm角に切り、Aであえる。
・えびは飾り用に5尾とり分け、残りは生地用に横半分に切る。
・型に紙カップを敷く。
・オーブンを180度に予熱する。

a 生地を作る

❶ ボウルに水きりヨーグルト、豆乳を入れて泡立て器でよくまぜる。

❷ 砂糖、塩を加えてよくまぜ、卵を割り入れてさらによくまぜる。

❸ 米粉を加え、粉がなじんできたらぐるぐるとよくまぜる。

❹ ベーキングパウダーを加え、手早く、全体を均一にまぜ、アボカドを加えてさっとまぜる。

B 焼く

❺ 5個分の型に❹を等分に流し入れ、えびを2尾分(4切れ)ずつうめ込み、180度のオーブンで20分ほど焼く。型からとり出して網にのせ、あら熱がとれたら、飾り用のえびを1尾ずつ、パセリとともに飾る。

アボカドは1cm角に切る。えびは飾り用にはそのまま、生地用には半分に切って使う。パセリは、ほかのハーブやスプラウトでも。

ヨーグルト豆乳ベース
サーモンとチーズのマフィン

材料 [直径7cmのマフィン型5個分]
水きりヨーグルト(p.15参照) ••• 50g
豆乳(成分無調整) ••• 50㎖
きび砂糖 ••• 10g
塩 ••• 2g
卵 ••• 1個
米粉 ••• 110g
ベーキングパウダー ••• 小さじ1
スモークサーモン ••• 6〜7枚(60g)
プロセスチーズ ••• 30g
チャービル ••• 適量

下準備
・サーモンは長さを半分に切り、飾り用に5枚とり分けて1枚ずつ小さく折りたたみ[a]、残りは生地用に1cm幅に切る。
・プロセスチーズは1cm角に切る。
・型に紙カップを敷く。
・オーブンを180度に予熱する。

a 生地を作る

❶ ボウルに水きりヨーグルト、豆乳を入れて泡立て器でよくまぜる。

❷ 砂糖、塩を加えてよくまぜ、卵を割り入れてさらによくまぜる。

❸ 米粉を加え、粉がなじんできたらぐるぐるとよくまぜる。

❹ ベーキングパウダーを加え、手早く、全体に均一にまぜ、生地用のサーモン、チーズを加えてさっとまぜる。

B 焼く

❺ 5個分の型に❹を等分に流し入れ、180度のオーブンで20分ほど焼く。型からとり出して網にのせ、あら熱がとれたら、飾り用のサーモンを1枚ずつ、チャービルとともに飾る。

生地用サーモンとチーズは同じ大きさに。
チャービルはほかのハーブやスプラウトでも。

えびとアボカドのマフィン

相性のいいえびとアボカドを
組み合わせて、オードブル風に。
アボカドを色どめと風味づけに
レモンと調味料であえるのがコツ。

159.6kcal
たんぱく質 6.8g
脂質 4.8g

168.0kcal
たんぱく質 9.3g
脂質 4.6g

サーモンとチーズのマフィン

同じく、オードブルのような
ごちそうマフィン。
スモークサーモンとチーズで
コクのある味わいです。

150.0kcal
たんぱく質 5.9g
脂質 3.7g

豆腐ベース
ツナサラダマフィン

ツナマヨおにぎりよりもさっぱりとした、軽やかな味わい。
ノンオイルのツナ缶と低脂質のマヨネーズで、脂質をおさえました。

材料[直径7cmのマフィン型6個分]
充填豆腐(または絹ごし豆腐) ・・・ 150g
きび砂糖 ・・・ 10g
塩 ・・・ 2g
卵 ・・・ 1個
米粉 ・・・ 120g
ベーキングパウダー ・・・ 小さじ1
プロセスチーズ ・・・ 15g
[ツナサラダ]
ツナ水煮缶 ・・・ 1缶(70g)
玉ねぎのみじん切り ・・・ 大さじ1
パセリのみじん切り ・・・ 小さじ1
低脂質マヨネーズ ・・・ 大さじ1

下準備
・ツナサラダを作る。ツナ缶は缶汁をきり、玉ねぎ、パセリとともに低脂質マヨネーズであえる。
・チーズは2cm四方の薄切りにし、6枚用意する。
・型に紙カップを敷く。
・オーブンを180度に予熱する。

ツナサラダは、ノンオイルのツナ缶とカロリーが通常の半分である低脂質マヨネーズを使い、脂質をおさえて。プロセスチーズは味わいのためだけでなく、中に詰めるツナサラダの土台にもなる。

a 生地を作る

❶ ボウルに豆腐を入れて泡立て器でよくつぶしてまぜる。

❷ 砂糖、塩を加えてよくまぜ、卵を割り入れてさらによくまぜる。

❸ 米粉を加え、粉がなじんできたらぐるぐるとよくまぜる。

❹ ベーキングパウダーを加え、手早く、全体を均一にまぜる。

B 焼く

❺ 型の1/3ぐらいまで❹を流し入れ、チーズを1枚ずつ真ん中にのせ、ツナサラダを等分にのせる[a]。残りの生地を等分に流し入れる。

❻ 180度のオーブンで20分ほど焼く。型からとり出して網にのせ、あら熱をとる。

a

ヨーグルト豆乳ベース
明太子とチーズのマフィン

材料 [直径7cmのマフィン型5個分]
水きりヨーグルト(p.15参照) ••• 50g
豆乳(成分無調整) ••• 50ml
きび砂糖 ••• 10g
塩 ••• 2g
卵 ••• 1個
米粉 ••• 110g
ベーキングパウダー ••• 小さじ1
辛子明太子 ••• 20〜25g
カッテージチーズ(裏ごしタイプ) ••• 30g
刻みのり ••• 適量

下準備
・明太子は皮に切り込みを入れて、身をしごき出す。
・型に紙カップを敷く。
・オーブンを180度に予熱する。

𝑎 生地を作る

❶ ボウルに水きりヨーグルト、豆乳を入れて泡立て器でよくまぜる。

❷ 砂糖、塩を加えてよくまぜ、卵を割り入れてさらによくまぜる。

❸ 米粉を加え、粉がなじんできたらぐるぐるとよくまぜ、明太子を加え[a]、よくまぜる。

❹ ベーキングパウダーを加え、手早く、全体を均一にまぜる。

𝐵 焼く

❺ 5個分の型に⅓ぐらいまで❹を流し入れ、カッテージチーズを等分にのせる。残りの生地を等分に流し入れる。

❻ 刻みのりを等分に散らし、180度のオーブンで20分ほど焼く。型からとり出して網にのせ、あら熱をとる。

明太子は皮を除く。カッテージチーズは、なめらかな裏ごしタイプが便利。刻みのりをトッピングに。

豆腐ベース
ミートボールマフィン

材料 [直径7cmのマフィン型6個分]
充填豆腐(または絹ごし豆腐) ••• 150g
きび砂糖 ••• 10g
塩 ••• 2g
卵 ••• 1個
米粉 ••• 120g
ベーキングパウダー ••• 小さじ1
ミートボール(市販) ••• 6個
粉チーズ ••• 大さじ2

下準備
・粉チーズは生地用、飾り用各大さじ1に分ける。
・型に紙カップを敷く。
・オーブンを180度に予熱する。

𝑎 生地を作る

❶ ボウルに豆腐を入れて泡立て器でよくつぶしてまぜる。

❷ 砂糖、塩を加えてよくまぜ、卵を割り入れてさらによくまぜる。

❸ 米粉を加え、粉がなじんできたらぐるぐるとよくまぜ、生地用の粉チーズを加えてよくまぜる。

❹ ベーキングパウダーを加え、手早く、全体を均一にまぜる。

𝐵 焼く

❺ 型の⅓ぐらいまで❹を流し入れ、ミートボールを真ん中にのせる。残りの生地を等分に流し入れる。

❻ 飾り用の粉チーズを等分に振り、180度のオーブンで20分ほど焼く。型からとり出して網にのせ、あら熱をとる。

市販のミートボールは、原材料がシンプルなものを選んで。自分で作ったものでも。

明太子とチーズのマフィン

ほんのりピンクの生地には
明太子の風味がしっかり。
さわやかなカッテージチーズが
コクを添えます。

136.0kcal
たんぱく質 6.0g
脂質 2.6g

136.7kcal
たんぱく質 5.3g
脂質 3.5g

ミートボールマフィン

中にミートボールが1粒入って、
簡単なのに食べごたえ満点。
相性のいい粉チーズを加えた、
子どもにも大人気のマフィンです。

138.7kcal
たんぱく質 6.0g
脂質 4.1g

バナナベース
ほうれんそうと卵のマフィン

黄×緑のビタミンカラーで元気をくれるおかずマフィン。
1個でたんぱく質とビタミン、炭水化物がしっかりとれます。

材料[直径7cmのマフィン型6個分]
バナナ ••• 150g（正味）
きび砂糖 ••• 10g
塩 ••• 2g
卵 ••• 1個
米粉 ••• 120g
ベーキングパウダー ••• 小さじ1
ゆでほうれんそう ••• 30g
ゆで卵 ••• 2個
低脂質マヨネーズ ••• 小さじ1

下準備
・ゆでほうれんそうはこまかく刻み、水けをしぼる。
・ゆで卵は輪切りにし、6枚は飾り用にとり分ける。残りはあらくつぶしてマヨネーズであえ、卵サラダを作る。
・型に紙カップを敷く。
・オーブンを180度に予熱する。

ゆで卵は、輪切りを飾り用に。卵サラダ用は、フォークであらくつぶしたほうが食感よく仕上がる。

a 生地を作る

❶ ボウルにバナナを入れて泡立て器でよくつぶしてまぜる。

❷ 砂糖、塩を加えてよくまぜ、卵を割り入れてさらによくまぜる。

❸ 米粉を加え、粉がなじんできたらぐるぐるとよくまぜる。

❹ ベーキングパウダーを加え、手早く、全体を均一にまぜ、ゆでほうれんそうを加えてさっとまぜ合わせる。

B 焼く

❺ 型の1/3ぐらいまで❹を流し入れ、卵サラダを等分にのせ[a]、残りの生地を等分に流し入れる。

❻ 飾り用の卵を1枚ずつのせ、180度のオーブンで20分ほど焼く。型からとり出して網にのせ、あら熱をとる。

＊「ノンオイルミネストローネスープ」の作り方はp.77参照。

a

豆腐ベース
トマトとチーズのオレガノマフィン

材料 [直径7cmのマフィン型6個分]
充填豆腐(または絹ごし豆腐) ・・・ 150g
きび砂糖 ・・・ 10g
塩 ・・・ 2g
卵 ・・・ 1個
米粉 ・・・ 120g
ベーキングパウダー ・・・ 小さじ1
トマトペースト ・・・ 小さじ1
ミニトマト ・・・ 6個
ピザ用チーズ(低脂肪タイプ) ・・・ 30g
オレガノ ・・・ 小さじ½

下準備
・ミニトマトは半分に切る。
・型に紙カップを敷く。
・オーブンを180度に予熱する。

a 生地を作る

❶ ボウルに豆腐を入れて泡立て器でよくつぶしてまぜる。

❷ 砂糖、塩を加えてよくまぜ、卵を割り入れてさらによくまぜ、トマトペーストを加えてよくまぜる。

❸ 米粉を加え、粉がなじんできたらぐるぐるとよくまぜ、オレガノを加えてよくまぜる。

❹ ベーキングパウダーを加え、手早く、全体を均一にまぜる。

B 焼く

❺ 型に❹を流し入れ、ミニトマト、ピザ用チーズを等分にのせ、180度のオーブンで20分ほど焼く。型からとり出し網にのせ、あら熱をとる。

トマトペーストは、トマトを裏ごしして煮詰め、濃縮したもの。ピザ用チーズは、脂肪分が通常の⅓のものを使用。

豆腐ベース
ソーセージとブロッコリーのバジルマフィン

材料 [直径7cmのマフィン型6個分]
充填豆腐(または絹ごし豆腐) ・・・ 150g
きび砂糖 ・・・ 10g
塩 ・・・ 2g
卵 ・・・ 1個
米粉 ・・・ 120g
ベーキングパウダー ・・・ 小さじ1
ウインナソーセージ ・・・ 6本(90g)
ゆでブロッコリー ・・・ 30g
ドライバジル ・・・ 小さじ1

下準備
・ソーセージは2〜3等分に切る。
・ゆでブロッコリーは小房を1.5cm大くらいに切る。
・型に紙カップを敷く。
・オーブンを180度に予熱する。

a 生地を作る

❶ ボウルに豆腐を入れて泡立て器でよくつぶしてまぜる。

❷ 砂糖、塩を加えてよくまぜ、卵を割り入れてさらによくまぜる。

❸ 米粉を加え、粉がなじんできたらぐるぐるとよくまぜる。

❹ ベーキングパウダーを加え、手早く、全体を均一にまぜ、ドライバジルを加えてさっとまぜ合わせる。

B 焼く

❺ 型に❹を流し入れ、ソーセージを等分にうめ込み、ブロッコリーを等分にのせ、180度のオーブンで20分ほど焼く。型からとり出して網にのせ、あら熱をとる。

バジルはドライタイプが手軽。ソーセージに合わせる野菜は、ブロッコリーのほか、さやいんげんやパプリカなどもおすすめ。

トマトとチーズのオレガノマフィン

さわやかなオレガノの風味で、
ピザ感覚で食べたいマフィン。
焼いたトマトの凝縮したうまみを
チーズが引き立てます。

131.2kcal
たんぱく質 5.0g
脂質 3.5g

157.0kcal
たんぱく質 5.8g
脂質 6.2g

ソーセージとブロッコリーのバジルマフィン

たんぱく質も野菜もとれてボリューム満点のマフィン。
バジルのすがすがしい風味で飽きずに食べられます。

168.7kcal
たんぱく質 4.6g
脂質 4.6g

豆腐ベース
ジャーマンポテトマフィン

オイルなしで簡単に調理できるジャーマンポテトをたっぷりと。
じゃがいもがほくほくして、食べごたえのあるマフィンです。

材料 [直径7cmのマフィン型6個分]
充填豆腐(または絹ごし豆腐) ••• 150g
きび砂糖 ••• 10g
塩 ••• 2g
卵 ••• 1個
米粉 ••• 120g
ベーキングパウダー ••• 小さじ1
[ジャーマンポテト]
じゃがいも ••• 1個
玉ねぎ ••• ¼個
ベーコン ••• 1½枚
塩、黒こしょう ••• 各少々

下準備
・型に紙カップを敷く。
・オーブンを180度に予熱する。

ジャーマンポテトは油を使わずに、ベーコンから出る脂で調理する。そのうまみをじゃがいもに吸わせます。普段のおかずにもおすすめ。

a 生地を作る

❶ ジャーマンポテトを作る。じゃがいもは2cm角に切って水にさらし、ラップでふんわりと包んで電子レンジで2分ほど加熱する。玉ねぎは7mm角に切る。ベーコンは1cm幅に切る。フライパンにベーコン、玉ねぎを入れていため、じゃがいもを加え、塩、こしょうで調味し、冷ます。

❷ ボウルに豆腐を入れて泡立て器でよくつぶしてまぜる。

❸ 砂糖、塩を加えてよくまぜ、卵を割り入れてさらによくまぜる。

❹ 米粉を加え、粉がなじんできたらぐるぐるとよくまぜる。

❺ ベーキングパウダーを加え、手早く、全体を均一にまぜ、ジャーマンポテトを加えて[a]、さっとまぜ合わせる。

B 焼く

❻ 型に❺を流し入れ、180度のオーブンで20分ほど焼く。型からとり出して網にのせ、あら熱をとる。

豆腐ベース
枝豆とチーズのマフィン

材料[直径7cmのマフィン型6個分]
充填豆腐(または絹ごし豆腐) ••• 150g
きび砂糖 ••• 10g
塩 ••• 2g
卵 ••• 1個
米粉 ••• 120g
ベーキングパウダー ••• 小さじ1
枝豆(さやつき) ••• 80g
プロセスチーズ ••• 30g

下準備
・枝豆は塩少々を入れた熱湯でゆで、さやからとり出し薄皮をむく。飾り用に少々とり分ける。
・プロセスチーズは1cm角に切る。
・型に紙カップを敷く。
・オーブンを180度に予熱する。

a 生地を作る
❶ ボウルに豆腐を入れて泡立て器でよくつぶしてまぜる。
❷ 砂糖、塩を加えてよくまぜ、卵を割り入れてよくまぜる。
❸ 米粉を加え、粉がなじんできたらぐるぐるとよくまぜる。
❹ ベーキングパウダーを加え、手早く、全体を均一にまぜ、生地用の枝豆を加えてさっとまぜ合わせる。

B 焼く
❺ 型に❹を流し入れ、飾り用の枝豆、プロセスチーズを等分にのせ、180度のオーブンで20分ほど焼く。型からとり出して網にのせ、あら熱をとる。

枝豆は冷凍むき枝豆40gでも可。解凍のみで、下準備なしで使える。プロセスチーズは小さく角切りに。

ヨーグルト豆乳ベース
豆とオリーブのハーブマフィン

材料[直径7cmのマフィン型5個分]
水きりヨーグルト(p.15参照) ••• 50g
豆乳(成分無調整) ••• 50ml
きび砂糖 ••• 10g
塩 ••• 2g
卵 ••• 1個
米粉 ••• 110g
ベーキングパウダー ••• 小さじ1
ミックスビーンズ水煮缶 ••• 1/2缶(60g)
ブラックオリーブ ••• 3個
ローズマリー ••• 適量

下準備
・ミックスビーンズは缶汁をきり、飾り用に少々とり分ける。
・オリーブは種をとり、薄切りにする。
・ローズマリーは生地用に葉を摘む。飾り用に5個、葉先を小さくちぎる。
・型に紙カップを敷く。
・オーブンを180度に予熱する。

a 生地を作る
❶ ボウルに水きりヨーグルト、豆乳を入れて泡立て器でよくまぜる。
❷ 砂糖、塩を加えてよくまぜ、卵を割り入れてよくまぜる。
❸ 米粉を加え、粉がなじんできたらぐるぐるとよくまぜる。
❹ ベーキングパウダーを加え、手早く、全体を均一にまぜ、ミックスビーンズ、生地用のローズマリーを加えてさっとまぜ合わせる。

B 焼く
❺ 5個分の型に❹を等分に流し入れ、飾り用のミックスビーンズ、オリーブを等分にのせ、180度のオーブンで20分ほど焼く。型からとり出して網にのせ、あら熱をとる。飾り用のローズマリーを1個ずつ添える。

ミックスビーンズは、ドライパックも便利。ローズマリーは、飾り用には写真のように葉先を小さくちぎり、生地用には葉を1枚ずつ摘む。

157.0kcal
たんぱく質 5.9g
脂質 3.8g

枝豆とチーズのマフィン

きれいな緑が映えるマフィン。
枝豆の粒々とした食感と
塩けやうまみが
チーズの風味で際立ちます。

140.5kcal
たんぱく質 5.2g
脂質 2.7g

豆とオリーブのハーブマフィン

ミックスビーンズとオリーブの
ヘルシーな組み合わせ。
生地にまぜたローズマリーが香る、
大人のフィンガーフードです。

焼き豚とねぎのマフィン

中に角切りの焼き豚がごろっと入った、
中華風マフィン。
やや甘めに仕上げた、
ねぎ入り生地がよく合います。

133.5kcal
たんぱく質 5.8g
脂質 3.0g

えびシュウマイのマフィン

風味豊かでカロリー控えめな
えびシュウマイが丸ごと中に！
桜えびの香りと歯ざわりが
いいアクセントに。

142.6kcal
たんぱく質 5.7g
脂質 3.6g

豆腐ベース
焼き豚とねぎのマフィン

材料[直径7cmのマフィン型6個分]
充填豆腐(または絹ごし豆腐) ・・・ 150g
きび砂糖 ・・・ 15g
塩 ・・・ 2g
卵 ・・・ 1個
米粉 ・・・ 120g
ベーキングパウダー ・・・ 小さじ1
小ねぎの小口切り ・・・ 2本分
焼き豚(市販・2cm角に切る) ・・・ 6個(80g)
焼き豚のたれ(市販) ・・・ 適量

下準備
・小ねぎは飾り用に少々とり分ける。
・型に紙カップを敷く。
・オーブンを180度に予熱する。

a 生地を作る
❶ ボウルに豆腐を入れて泡立て器でよくつぶしてまぜる。
❷ 砂糖、塩を加えてよくまぜ、卵を割り入れてよくまぜる。
❸ 米粉を加え、粉がなじんできたらぐるぐるとよくまぜる。
❹ ベーキングパウダーを加え、手早く、全体を均一にまぜ、生地用の小ねぎを加えてさっとまぜ合わせる。

B 焼く
❺ 型の1/3ぐらいまで❹を流し入れ、焼き豚を1個ずつ真ん中におき、残りの生地を等分に流し入れる。
❻ 180度のオーブンで20分ほど焼く。型からとり出して網にのせ、焼き豚のたれをぬり、飾り用の小ねぎをのせ、あら熱をとる。

焼き豚のたれは作ることも。深めの耐熱容器にしょうゆ、みりん、きび砂糖各大さじ1を入れ、ラップをかけずに電子レンジで20〜30秒、とろみがつくまで加熱する。

豆腐ベース
えびシュウマイのマフィン

材料[直径7cmのマフィン型6個分]
充填豆腐(または絹ごし豆腐) ・・・ 150g
きび砂糖 ・・・ 10g
塩 ・・・ 2g
卵 ・・・ 1個
米粉 ・・・ 120g
ベーキングパウダー ・・・ 小さじ1
えびシュウマイ(冷凍) ・・・ 6個
桜えび(乾燥) ・・・ 10g
黒ごま ・・・ 小さじ2

下準備
・えびシュウマイは袋の表示通りに加熱し、冷ます。
・桜えびは飾り用に12尾とり分け、残りはこまかく刻む。
・型に紙カップを敷く。
・オーブンを180度に予熱する。

a 生地を作る
❶ ボウルに豆腐を入れて泡立て器でよくつぶしてまぜる。
❷ 砂糖、塩を加えてよくまぜ、卵を割り入れてよくまぜる。
❸ 米粉を加え、粉がなじんできたらぐるぐるとよくまぜる。
❹ ベーキングパウダーを加え、手早く、全体を均一にまぜ、生地用の桜えび、黒ごまを加えてさっとまぜ合わせる。

B 焼く
❺ 型の1/3ぐらいまで❹を流し入れ、シュウマイを1個ずつ真ん中にのせ、残りの生地を等分に流し入れる。
❻ 飾り用の桜えびを2尾ずつのせ、180度のオーブンで20分ほど焼く。型からとり出して網にのせ、あら熱をとる。

えびシュウマイは、一般的な冷凍食品を使用。生地用の桜えびはできるだけこまかく刻む。

豆腐ベース

お好み焼き風マフィン

見た目も味もまさにお好み焼き！ 生地にはキャベツたっぷり。
ソースやマヨネーズなどで自由にトッピングを楽しんで。

材料［直径7cmのマフィン型6個分］
充填豆腐(または絹ごし豆腐) ••• 150g
きび砂糖 ••• 10g
塩 ••• 2g
卵 ••• 1個
米粉 ••• 120g
ベーキングパウダー ••• 小さじ1
キャベツ ••• ½枚(25g)
削り節 ••• 3g
かに風味かまぼこ ••• 3本
ねぎのみじん切り ••• 5cm分(12g)
中濃ソース、低脂質マヨネーズ、青のり、
　紅しょうが(好みで) ••• 各適量

下準備
・キャベツはみじん切りにする。
・かにかまはほぐし、長さを半分に切る。
・型に紙カップを敷く。
・オーブンを180度に予熱する。

(上)生地用と飾り用の材料。削り節は生地にまぜると味に深みが。
(下)トッピングする調味料や材料はお好みで。

𝑎 生地を作る

❶ ボウルに豆腐を入れて泡立て器でよくつぶしてまぜる。

❷ 砂糖、塩を加えてよくまぜ、卵を割り入れてさらによくまぜる。

❸ 米粉を加え、粉がなじんできたらぐるぐるとよくまぜる。

❹ ベーキングパウダーを加え、手早く、全体を均一にまぜ、キャベツ、削り節を加えてさっとまぜ合わせる。

ℬ 焼く

❺ 型に❹を等分に流し入れ、かにかま、ねぎを等分にのせ、180度のオーブンで20分ほど焼く。

❻ 型からとり出して網にのせ、好みでソース、マヨネーズ、青のり、紅しょうがをのせ[a]、あら熱をとる。

a

126.1kcal
たんぱく質 4.7g
脂質 2.2g

113.5kcal
たんぱく質 3.9g
脂質 2.2g

豆腐ベース
ひじき煮のマフィン

ひじきやにんじん、油揚げの煮物を生地にまぜ込んだ、
ヘルシーな和風マフィン。煮物は香りづけ程度の油で作ります。

材料[直径7cmのマフィン型6個分]
充填豆腐(または絹ごし豆腐)・・・150g
きび砂糖・・・10g
塩・・・2g
卵・・・1個
米粉・・・120g
ベーキングパウダー・・・小さじ1
ひじきの煮物(下記参照)・・・80g

下準備
・ひじきの煮物は水けをしっかりときる。
・型に紙カップを敷く。
・オーブンを180度に予熱する。

ひじきの煮物は下のレシピで作っても、市販のものを使ってもよい。

a 生地を作る

❶ ボウルに豆腐を入れて泡立て器でよくつぶしてまぜる。

❷ 砂糖、塩を加えてよくまぜ、卵を割り入れてさらによくまぜる。

❸ 米粉を加え、粉がなじんできたらぐるぐるとよくまぜる。

❹ ベーキングパウダーを加え、手早く、全体を均一にまぜ、ひじきの煮物を加えてさっとまぜ合わせる[a]。

B 焼く

❺ 型に❹を等分に流し入れる。180度のオーブンで20分ほど焼く。型からとり出して網にのせ、あら熱をとる。

ひじきの煮物の材料と作り方[作りやすい分量]

ひじき10gは水でもどす。にんじん1/6本、油揚げ1/4枚は細切りにする。小鍋にごま油小さじ1/2を熱し、にんじん、油揚げをいため、ひじきを加えてさっとひとまぜし、だし100ml、しょうゆ大さじ1、砂糖大さじ2/3、みりん大さじ1/2を加え、汁けがなくなるまで煮て、よく冷ます。

ヨーグルト豆乳ベース
れんこんと青のりのマフィン

材料[直径7cmのマフィン型5個分]
水きりヨーグルト(p.15参照)・・・50g
豆乳(成分無調整)・・・50ml
きび砂糖・・・10g
塩・・・2g
卵・・・1個
米粉・・・110g
ベーキングパウダー・・・小さじ1
れんこんのいため物(下記参照)・・・50g
青のり・・・大さじ1

下準備
・れんこんのいため物は飾り用に5枚とり分け、残りはあらく刻む。
・型に紙カップを敷く。
・オーブンを180度に予熱する。

a 生地を作る

❶ ボウルに水きりヨーグルト、豆乳を入れて泡立て器でよくまぜる。

❷ 砂糖、塩を加えてよくまぜ、卵を割り入れてよくまぜる。

❸ 米粉、青のりを加え、粉がなじんできたらぐるぐるとよくまぜる。

❹ ベーキングパウダーを加え、手早く、全体を均一にまぜ、れんこんのいため物を加えてさっとまぜ合わせる。

B 焼く

❺ 5個分の型に❹を等分に流し入れ、飾り用のれんこんのいため物を1枚ずつのせ、180度のオーブンで20分ほど焼く。型からとり出して網にのせ、あら熱をとる。

青のりは、生地にも加える。れんこんのいため物は、生地用には、ザクザクとあらく刻んで。

れんこんのいため物の材料と作り方[作りやすい分量]

れんこん100gは薄切りにする。フライパンにサラダ油小さじ1を熱し、れんこんを並べて入れ、透き通るまで焼く。塩少々で調味し、青のり大さじ1をまぶし、よく冷ます。

豆腐ベース
きんぴらマフィン

材料[直径7cmのマフィン型6個分]
充填豆腐(または絹ごし豆腐)・・・150g
きび砂糖・・・10g
塩・・・2g
卵・・・1個
米粉・・・120g
ベーキングパウダー・・・小さじ1
きんぴらごぼう(下記参照)・・・50g
白ごま・・・小さじ1

下準備
・きんぴらは、飾り用に少々とり分ける。
・型に紙カップを敷く。
・オーブンを180度に予熱する。

a 生地を作る

❶ ボウルに豆腐を入れて泡立て器でよくつぶしてまぜる。

❷ 砂糖、塩を加えてよくまぜ、卵を割り入れてよくまぜる。

❸ 米粉を加え、粉がなじんできたらぐるぐるとよくまぜる。

❹ ベーキングパウダーを加え、手早く、全体を均一にまぜ、きんぴらを加えてさっとまぜ合わせる。

B 焼く

❺ 型に❹を等分に流し入れ、飾り用のきんぴらを等分にのせ、白ごまを等分に振り、180度のオーブンで20分ほど焼く。型からとり出し網にのせ、あら熱をとる。

きんぴらのでき上がり。生地にまぜにくいようなら、ざくざく刻んでも。

きんぴらごぼうの材料と作り方[作りやすい分量]

ごぼう150g、にんじん50gはせん切りにする。フライパンにごま油大さじ1を熱し、ごぼう、にんじんをいためる。しんなりしたら、しょうゆ、みりん各大さじ1を加え、汁けがなくなるまでいためる。白ごま大さじ1をまぶし、よく冷ます。

121.6kcal
たんぱく質 3.9g
脂質 2.6g

きんぴらマフィン

きんぴらごぼうの香ばしさ、
根菜の食感、甘辛な味つけが
マフィン生地によく合います。
ぷちぷちした白ごまも相性抜群。

133.0kcal
たんぱく質 4.1g
脂質 2.5g

れんこんと青のりのマフィン

ザクザクとした歯ごたえのある
れんこんの食感と
青のりの風味がたまらない、
新感覚のマフィンです。

Column 3

栄養がしっかりとれる
"マフィンでごはん"の組み立て方

「オイルなし×米粉の生地で作るマフィン」はしっかりとおなかにたまり、
ヘルシーで、1個でいろいろな栄養素がとれるのも大きな魅力。
おやつはもちろん、朝食や昼食などの毎日の食事にぜひとり入れてみてください。

「オイルなし×米粉の生地で作るマフィン」に含まれている栄養素は?

基本のマフィンを大解剖。具材でアレンジすれば、さらに栄養豊富に!

●たんぱく質
生地のベース「豆腐」「ヨーグルト＋豆乳」にはそれぞれ良質なたんぱく質が含まれています。

●炭水化物
糖質と食物繊維を合わせた総称。米粉は炭水化物が豊富ですが低脂質で、優秀なエネルギー源。また、生地のベース「バナナ」にも多く含まれています。

●ビタミン
●ミネラル
米粉にはビタミンB群やミネラルが含まれ、ビタミンB_1は小麦粉よりも豊富。また、生地のベース「バナナ」は、ビタミンやミネラルが豊富な食材としても知られています。

○脂質は最少限!
生地にバターやオイルを使っていないので、一般的なマフィンの脂質が10g前後なのに対し、この本のマフィンの場合、脂質が低くおさえられます。

○消化がいいのにおなかにたまる
小麦粉と比べ、米粉はグルテンフリーで消化がよく、水分含有量が多くて腹もちも◎。もちもちとした食感で食べごたえがあります。

たとえば…

エネルギー **127.0kcal**
たんぱく質 **3.6g**
脂質 **1.9g**
炭水化物 **23.0g**
（食物繊維 **0.2g**）
塩分 **0.2g**

豆腐ベースのマフィン
▷作り方は p.12

＋

具材の栄養素

＝

1個で栄養たっぷり!

たとえば…
**パプリカと
サラダチキンの
マフィン**
▷作り方は p.53

エネルギー **135.4kcal**
たんぱく質 **6.4g**
脂質 **2.3g**
炭水化物 **21.5g**
（食物繊維 **0.3g**）
塩分 **0.8g**

エネルギー **131.7kcal**
たんぱく質 **4.8g**
脂質 **3.1g**
炭水化物 **20.1g**
（食物繊維 **0.7g**）
塩分 **0.6g**

たとえば…
**うずらの卵と
コーンの
カレーマフィン**
▷作り方は p.52

こんな活用もおすすめです！

大人・子どもの
アスリートの補食に

低脂質で低カロリー、かつ各種栄養素がとれて、さっと食べられるので、アスリートの補食にもおすすめ。エネルギーが必要な練習・試合前には「バナナ」ベース、疲労回復にたんぱく質が必要となる練習・試合後には「豆腐」や「ヨーグルト豆乳」ベースのマフィンを食べてみては？

高齢の方の
食事やおやつに

高齢になると、たんぱく質などの隠れ栄養不足が心配。この本のマフィンは食べやすく、しっかり栄養がとれて、しかも胃が重くならないので、栄養価アップにぜひ役立ててみてください。もちもちとした食感で、かむ回数が自然と増えるのもいいところです。

"マフィンでごはん"におすすめの
プラスワンメニュー

コンビニでも手に入るお手軽メニューを添えるだけで、栄養がさらにバランスよくとれます。

＋スープ

スープの具材に野菜や肉類・魚介類などを加えれば、たんぱく質やビタミン、ミネラルなどを補給できます。

ノンオイルミネストローネスープ

材料と作り方［2人分］

❶ 玉ねぎ¼個、にんじん、セロリ各¼本は1cm角に、ベーコン1枚は1cm幅に、じゃがいも小1個は1.5cm角に切る。

❷ 鍋に玉ねぎ、にんじん、セロリ、ベーコン、トマト缶100㎖、水400㎖、顆粒スープ(コンソメ) 小さじ1、塩ひとつまみ、こしょう少々を入れ、中火で10分ほど煮る。じゃがいもを加え、やわらかくなったら味をみてととのえる。

＋サラダ

野菜をたっぷりとって、ビタミンやミネラルを補給。チキンや卵などたんぱく質入りのものを選んでも。

＋フルーツ

ビタミンやミネラルをおいしく補給できます。市販のカットフルーツも上手に使って。

＋豆乳

良質な植物性たんぱく質やビタミン、ミネラルを補給。100％ジュースを加えると飲みやすさがアップ。

Column 4

上手に作るためのQ&A

ちょっとしたコツを知ると、うまく仕上がるもの。
よくある疑問にお答えします。

Q 生地がよくふくらまず、みっちり詰まった感じになってしまいます

A いくつかの理由が考えられます

ノンオイル×米粉の生地は、バターやオイルを使った小麦粉のマフィンより、基本的にはふくらみが控えめです。しかし、ふくらみが悪くてかたく仕上がるなら、理由は複数考えられます。4つのことをチェックしてみてください。

❶ 米粉の種類が合っていない

米粉にはさまざまな種類がありますが、水分の吸収率が高めの米粉を使うとふくらみにくく、食感がもっちりしすぎる原因に。水を少量たらして、ボソボソしただんご状になる米粉はマフィン作りには向きません。この本ではきめのこまかい製菓用の米粉、なかでも「ミズホチカラ」をおすすめしています (p.6参照)。

❷ 生地のまぜ合わせが足りない

小麦粉のマフィンの場合、生地をぐるぐるとねるようにまぜるとグルテンが必要以上にできてしまい、ふくらみにくくなります。それに対して、グルテンを含まない米粉は、ベーキングパウダーを加える前に生地をしっかりとまぜることで、生地内にできる気泡を利用してふんわりとよくふくらみます。

❸ ベーキングパウダーを加えるタイミングが早い

ベーキングパウダーを加えるとすぐに反応が始まり、生地がふくらみ始めます。ベーキングパウダーの力を最大限いかすためには、焼く直前に生地に手早く加え、すぐ型に流して焼くようにしましょう。また、ベーキングパウダーの鮮度が悪くてふくらみが弱くなっている場合も。賞味期限内でも開封してしばらくたつ場合はもちろん、ふたが完全に閉まっていない、高温多湿な場所においているなど保管状況が悪いと、買ったばかりでも生地のふくらみが悪くなる場合があります。

❹ 具材のサイズが大きすぎる

上にのせたり、中に入れたりした具材のサイズが大きすぎると、その重みでふくらもうとする生地を押しつぶしてしまいます。材料に記載した大きさを守って作ってみましょう。

Q 焼くと生地に大きな穴があいてしまいます

A 型の底を打ちつけて空気抜きをするのはNG

マフィンの生地がふくらんで、大きめの気泡が多少入るのは自然なこと。さらに、具材を中にまぜたり入れたりすると、穴はできやすくなります。しかし下の写真のように大きな空洞ができる場合、焼く前に生地をならして空気を抜くために、型の底を台にガンガンと打ちつけていないでしょうか？ 衝撃で逆に空気が入ってしまうことがあるので、打ちつけての空気抜きはしないようにしましょう。

Q もっちりしすぎる食感をどうにかしたい！

A 米粉の一部をアーモンドプードルにかえて

もちもちとした食感は「オイルなし×米粉の生地で作るマフィン」の特徴でもありますが、強く感じるようなら、米粉の一部をアーモンドプードルにおきかえてみて。もちもちとした食感をやわらげる効果が。米粉の分量の20gをアーモンドプードル20gにおきかえます（ほかの効果はp.7参照）。

Q 生地にのせた具材が焼くとこげてしまいます

A 型の上にアルミホイルをかけて焼いてみて

ドライフルーツなど、マフィンの上にのせた具材の種類によっては、焼くと上だけこげやすくなることも。その場合は、ある程度焼き色がついたら、天板に並べたマフィン型の上にアルミホイルを1枚かけると、それ以上はこがさずに焼くことができます。

Q オーブン以外でマフィンを焼くことはできる？

A 温度機能つきのオーブントースターで焼くことができます

温度機能つきのオーブントースターを170度に設定すれば、レシピの時間どおりに焼くことができます。庫内はオーブンよりも狭いので、プリンカップ（p.8参照）に紙カップを1個ずつ入れ、生地を等分に流し入れて焼くといいでしょう。
オーブンは上下左右から熱が回りますが、オーブントースターは基本、上下のヒーターで表面を焼きます（さらに熱風を循環させるタイプもあり）。焼き時間が終わったら、竹ぐしを刺して生地がついてこないかチェックし、焼けているかどうか確認して。生地がついてきたら、アルミホイルをかけ、様子を見ながら数分、焼き時間を追加しましょう。

田中可奈子（たなかかなこ）

料理研究家、栄養士。書籍や雑誌、テレビ、企業のウェブサイトなどでレシピを提案するほか、イベントの講師なども務める。食育指導士、国際薬膳食育師などの資格も所有。著書に『クローン病・潰瘍性大腸炎の安心ごはん』（女子栄養大学出版部）、『オイルなし、グルテンなしでからだにやさしい米粉のシフォンケーキ』（主婦の友社）など。

デザイン／塙 美奈、石田百合絵［ME&MIRACO］
撮影／佐山裕子［主婦の友社］
スタイリング／ダンノマリコ
構成・取材・文／秋山香織
編集担当／町野慶美［主婦の友社］

撮影協力／UTUWA

オイルなし、グルテンなしの生地（きじ）。
おやつにもごはんにも食（た）べたい

米粉（こめこ）のマフィン

2025年1月20日　第1刷発行
2025年6月10日　第2刷発行

著　者　田中可奈子（たなかかなこ）
発行者　大宮敏靖
発行所　株式会社 主婦の友社
　　　　〒141-0021 東京都品川区上大崎3-1-1
　　　　目黒セントラルスクエア
　　　　電話　03-5280-7537（内容・不良品のお問い合わせ）
　　　　　　　049-259-1236（販売）
印刷所　株式会社 DNP出版プロダクツ

©Kanako Tanaka 2024 Printed in Japan　ISBN978-4-07-460552-1

■ 本のご注文は、お近くの書店または主婦の友社コールセンター（電話0120-916-892）まで。
※ お問い合わせ受付時間　月〜金（祝日を除く）10:00〜16:00
※ 個人のお客さまからのよくある質問のご案内　https://shufunotomo.co.jp/faq/

Ⓡ〈日本複製権センター委託出版物〉
本書を無断で複写複製（電子化を含む）することは、著作権法上の例外を除き、禁じられています。
本書をコピーされる場合は、事前に公益社団法人日本複製権センター（JRRC）の許諾を受けてください。
また本書を代行業者等の第三者に依頼してスキャンやデジタル化することは、
たとえ個人や家庭内での利用であっても一切認められておりません。
JRRC〈https://jrrc.or.jp　eメール：jrrc_info@jrrc.or.jp　電話：03-6809-1281〉